海外中国研究丛书·艺术系列

SCHOOL
思库出品

明初官窑考

[英]白兰士敦 著　沈诗贝 译

Early Ming Wares of Chingtechen

Archibald D. Brankston

江苏人民出版社

图书在版编目（CIP）数据

明初官窑考 /（英）白兰士敦著；沈诗贝译. -- 南京：江苏人民出版社, 2025.4
（海外中国研究丛书·艺术系列/刘东主编）
ISBN 978-7-214-28251-4

Ⅰ.①明… Ⅱ.①白…②沈… Ⅲ.①官窑 - 瓷器（考古）- 研究 - 景德镇 - 明代 Ⅳ.①K876.34

中国国家版本馆CIP数据核字(2023)第156507号

书　　名	明初官窑考
著　　者	[英] 白兰士敦
译　　者	沈诗贝
责任编辑	马晓晓　王　娟
装帧设计	周伟伟　张云浩
项目统筹	马晓晓
责任监制	王　娟
出版发行	江苏人民出版社
地　　址	南京市湖南路1号A楼　邮编：210009
照　　排	江苏凤凰制版有限公司
印　　刷	苏州市越洋印刷有限公司
开　　本	890毫米×1240毫米　1/32
印　　张	9.25　插页 8
字　　数	208千字
版　　次	2025年4月第1版
印　　次	2025年4月第1次印刷
标准书号	ISBN 978-7-214-28251-4
定　　价	129.00元

（江苏人民出版社图书凡印装错误可向承印厂调换）

海外中国研究丛书·艺术系列　总序

刘东

现代汉语中的"艺术"概念,本就是在"中外互动"中生产出来的。也就是说,即使在古汉语中也有"艺""术"二字的连接,其意思也只是大体等同于"数术方技"。所以,虽说早在《汉书·艺文志》那里,就有了《六艺略》《诗赋略》的范畴,而后世又有了所谓"琴棋书画"的固定组合,可在中国的古人那里,却并没有可以总体对译"art"的概念,而且即使让他们发明出一个来,也不会想到以"艺"和"术"来组合。由此,在日文中被读作"げいじゅつ"(Gei-jutsu)的"芸術"二字,也不过是为了传递"art"而生造出来的;尔后,取道于王国维当年倡导的"新学语之输入",它又作为被快速引进的"移植词"而嵌入了中文的语境。由此所导致的新旧语义之混乱,还曾迫使梁启超在他的《清议报》上,每逢写下这两个字都要特别注明,此番是在使用"藝術"二字的旧义或新义。

此外,作为海外"汉学研究"的一个分支,实则海外的"中国艺术史"这个学术专业,也同样是产生于"中外互动"的过程中。如果说,所谓"汉学研究"按照我本人给出的定义,总归是"外邦人以对于他们而言是作为外语的中文来研究对他们而言是作为外国的中国的那种特定的学问"(刘东:《"汉学"语词的若干界面》),那么,这种学术领地也就天然地属于"比较研究"。而进一步说,这样一种"比较"的或"跨文化"的特点,也同样会表现到海外的"中国艺术史"研究那里。要是再联系到前边给出的语词"考古",那么此种"中外互动"还不光在喻指着,这是由一群生长于国外的学者,从异邦的角度来打量和琢磨中国的"艺术",而且,他们还要利用一种外来的"艺术"(art)概念,来归纳和解释发生在中国本土的"感性"活动。这样一来,则不光他们的治学活动会充满"比较"的色彩,就连我们对于他们治学成果的越洋阅读,也同样会富于"比较"的或"跨文化"的含义。

进而言之,就连当今中国大学里的艺术史专业,也是在改革开放后的"中外互动"中,才逐渐被想到和设立,并且想要急起直追的。回顾起来,我早在近二十年前就撰文指出过,艺术史专业应该被办到综合性大学里,跟一般通行的"文学系"一样成为独立的人文学科:"如果和国际通例比较起来,我们不难发现一种令人扼腕的反差:一方面,我们的美学是那样的畸形繁荣,一套空而又空玄而又玄的艺术哲学教义被推广到了几乎所有的高等院校,就好像它是人人必备的基本文化修养;另一方面,我们的艺术史又是那样的贫弱单薄,只是被放在美术学院里当成未来画家的专业基础课,而就连学科建制最全的大学也不曾想到要去设立这样一门人文系科,更不必说把对于艺术史的了解当成一个健全心智的起码常识了。"(刘东:《艺术究竟是怎样流变的》)也正因为这样,江苏人民出版社的这个最新抱负,也即要在规模庞大的"海外中国研究丛书"里,再从头创办一个相对独立的"艺术系列",也就密切配合了国内刚刚起步的艺术史专业。

更不要说,我们也有相当充分的理由相信,正是在"中外互动"的"跨越视界"中,这个正待依次缓慢推出的、专注于"艺术"现象的"子系列",也会促使我们对于自己的母文化,特别是针对它的感性直观方面,额外增补一种新颖奇妙的观感,从而加强它本身的多义性与丰富性。

2023年12月11日

于浙江大学中西书院

序

中国是世界上最早生产瓷器的国家,发明瓷器是中国古代人民对世界的贡献。瓷器是日常使用的实用器,制作精良的古代瓷器还是爱瓷人的收藏品。

瓷器是以瓷石或瓷土为原料制作、表面施釉并经过高温烧造的器物。按事物发展的一般规律,从瓷器的发明到大规模生产经历了一个漫长的过程,学者们对瓷器从出现到成熟的过程认识不一致,于是出现了何谓瓷器的问题。

普通百姓使用的瓷器多是民间生产的。皇家使用的瓷器中,有的是民间进贡的优质品,有的是朝廷设立的窑场烧造的。于是瓷器被分为民窑瓷器和官窑瓷器,但是学术界对何谓官窑瓷器尚未达成共识。

为了便于读者理解本译本,下面就以上两个问题略作讨论。

一 何谓瓷器

何谓瓷器这个貌似简单的问题,至今没有一个权威答案。1950年代傅振伦提出,判断真正瓷器的两个基本条件:高岭土质的胎骨和彩釉。其特点是:质纯而坚,不可以刀削,敲之起共鸣的现象;碎片如白色介壳层状,呈光辉的闪光;熔化它则成为玻璃状的东西。通过梳理文献并结合各地出土实物资料,他认为东汉出现了疑似瓷器,六朝时期出现了真正的瓷器。[1]1950年代流行

---

1. 傅振伦:《中国最古的瓷器》,《历史教学》1951年第6期,第14—17页。

把表面施薄釉的胎质细、色白(或灰白)已接近瓷质的化学成分的器物称为釉陶。[1]

1960年代安金槐对在郑州商城出土的"釉陶"和以往的瓷器特征作了分析,提出了广义的瓷器特征:胎骨用高岭土作出,有光亮的釉,质地坚硬、火候高,扣之作金属声,胎骨不吸水分。与此对照,他认为郑州商城遗址出土的遗物中包含瓷器,理由是胎是用高岭土做的,釉的成分与一般早期瓷釉相近。[2]据说1971年筹办出国展时,遇到郑州商城遗址的"瓷器"如何命名的问题,安金槐坚持认为它们是瓷器,而外方展览主办者认为它们是釉陶。郭沫若鉴于中外学者意见不一,建议用"原始瓷器"这个折中概念指代商代遗址"瓷器",这个建议暂时化解了郑州商城"瓷器"性质的争议。[3]1978年,安金槐再次发文讨论瓷器起源问题,认为我国瓷器的发展大致可分为原始素烧瓷器、原始青瓷器、瓷器和后来各种釉色瓷器等几个阶段。[4]文章中他不再坚持商代出现了瓷器的看法,而把商代中期的"瓷器"改称为"原始瓷器"。"黄河中下游的部分龙山文化遗址和大汶口文化遗址出土的所谓'白陶'不属于'陶器',其胎质有可能是用瓷土作原料烧制而成的,应属于'瓷器'范畴,可能是最早出现的原始素烧瓷器。夏代和早商继续烧制和使用原始素烧瓷器(白陶),商代前期创制出了原始青瓷器。

---

1. 朱江:《江苏南部"硬陶与釉陶"遗存清理》,《考古通讯》1955年第3期,第8—13页。
2. 安金槐:《谈谈郑州商代瓷器的几个问题》,《文物》1960年第8期,第68—70页。
3. 王昌燧、李文静、陈岳:《"原始青瓷"概念与青瓷起源再探讨》,《考古》2014年第9期,第86—92页。
4. 安金槐:《对于我国瓷器起源问题的初步探讨》,《考古》1978年第3期,第189—194页。

郑州商代二里岗期遗址出土的原始青瓷器是用瓷土作坯烧制成的，敲击有金石声，具备有原始青瓷器的特性。"李家治也发表过类似观点。[1]不过安金槐的"原始青瓷器"提法似乎没有得到学界响应。1982年出版的《中国陶瓷史》采纳了"原始瓷器"的提法，"在烧制白陶器和印纹硬陶器的实践中，在不断地改进原料选择和处理，以及提高烧成温度和器表施釉的基础上，就创造出来了原始瓷器。""远在三千五百多年前的商代中期，就创造出原始瓷器了。"[2]

1982年出版的《中国陶瓷史》没有直接给瓷器下定义，只提出："一般说，瓷器应该具备的几个条件是，第一是原料的选择和加工，主要表现在Al_2O_3的提高和Fe_2O_3的降低，使胎质呈白色；第二是经过1200℃以上的高温烧成，使胎质烧结致密、不吸水分、击之发出清脆的金石声；第三是在器表施有高温下烧成的釉，胎釉结合牢固，厚薄均匀。"[3]考古界权威工具书《中国大百科全书：考古学》在"中国古代瓷器"条目中给瓷器下的定义与上面的说法相近："瓷器是由瓷土或瓷石为原料，经过配料、成型、干燥、焙烧等工艺流程制成的器物。其化学组成主要是氧化硅和氧化铝，并含有10%以下的氧化铁、氧化钛、氧化钙、氧化镁、氧化钾、氧化钠、氧化锰等，瓷器烧结后，质地致密，不吸水或吸水率很低，胎呈白色，较薄者又具有高透明度和一定的机械强度，击之有清脆的铿锵声。瓷釉透明，呈玻璃质，不吸水。瓷器的烧成温度必

---

1. 李家治：《我国古代陶器和瓷器工艺发展过程的研究》，《考古》1978年第3期，第179页。
2. 中国硅酸盐研究所编：《中国陶瓷史》，文物出版社，1982年第1版，1992年第3次印刷，第76、78页。
3. 中国硅酸盐研究所编：《中国陶瓷史》，文物出版社，1982年第1版，1992年第3次印刷，第76页。

须在1200℃以上,胎釉经高温烧成后,结合紧密,不易脱落。"[1]这个瓷器定义被考古学界认可。

然而进入21世纪后,关于瓷器标准出现了新提法。王昌燧等在梳理"原始瓷""青瓷"概念时发现,学术界并未指出区分两者的任何依据或标准,也没有明确何谓青瓷的标准。他们对以往作为判断瓷器的基本材料作了分析,认为原有瓷器标准既缺乏科学依据,又过于"苛刻"。他们重新确定了青瓷的科学标准,即瓷胎的原料为瓷石或瓷土,瓷胎表面必须有高温釉层,烧成温度在1150℃以上。他们认为,根据这个标准,所谓的原始瓷器与青瓷一样,与此标准的符合程度相近,并无明显的原始性,即所谓的原始青瓷就是青瓷。我国青瓷的起源时间至迟可提前到夏代。[2]

不知何故,这个颠覆瓷器起源旧说的新观点提出后,至今未在学术界引发讨论。无论如何,何谓瓷器和瓷器起源于何时都是值得中国考古界和科技界深入探讨的基本概念问题。

二 贡瓷与官窑

瓷器作为坚固耐用的日用器具,从出现至今一直深受消费者的喜爱。由于瓷石质量好坏不一,制瓷工艺水平高低不一,在官窑出现之前,瓷器是在各地民间窑场生产的,它们的产品质量参差不齐。朝廷和达官贵人为了获得制作精良的瓷器而要求民间窑场提供精品,于是出现了所谓"贡瓷"。

贡瓷见于何时,如果《景德镇陶录》的记载可靠,那么它最

1.《中国大百科全书:考古学》,"中国古代瓷器"条目,中国大百科全书出版社,1986年,第657—658页。
2.王昌燧、李文静、陈岳:《"原始青瓷"概念与青瓷起源再探讨》,《考古》2014年第9期,第86—92页。

早见于北朝魏,"关中窑,元魏(即北朝魏)时所烧,……陶以供御""洛京陶,以元魏(即北朝魏)烧造,……所陶供御物"[1]"唐武德四年诏令新平民霍仲初等制器进御"[2]"唐褚绥……景龙初为新平司务……会洪州督府奉诏需献陵祭器甚迫,绥驰戟门,力陈岁歉户无力凋残,竟或止"[3]。

陕西扶风县法门寺唐代地宫出土了唐懿宗供奉释迦真身舍利的八棱净水瓶、五花瓣口碗、盘、碟等16件精美瓷器,其中14件在《监送真身使随真身供养道具及金银宝器衣物账》中明确为"秘色瓷"。[4]对照实物,可知"秘色瓷"施青绿釉,釉色与陆龟蒙《秘色越器》诗中所描述的越器"千峰翠色"相符,它们代表了唐代瓷器生产的最高水平。[5]这批秘色瓷也许就是当时的贡品。

当贡瓷无法满足朝廷的需要,于是就设立专门为朝廷生产优质瓷器的窑场,这就是官窑。[6]

官窑出现于何时?按文献记载,它初现于北宋。《宋史·职官志(五)》卷一六五记载:将作监"所隶官署十"之六"窑务,掌陶

---

1. 欧阳琛、周秋生校点,卢家明、左行培注释:《景德镇陶录校注》,江西人民出版社,1996年,第80页。
2. 欧阳琛、周秋生校点,卢家明、左行培注释:《景德镇陶录校注》,江西人民出版社,1996年,第60页。
3. 欧阳琛、周秋生校点,卢家明、左行培注释:《景德镇陶录校注》,江西人民出版社,1996年,第98页。
4. 陕西省法门寺考古队:《扶风法门寺塔唐代地宫发掘简报》,《文物》1988年第10期,第1—26页。
5. 冯先铭:《法门寺出土的秘色瓷》,《文物》1988年第10期,第36—37页;李辉炳:《略谈法门寺出土的越窑青瓷》,第38—39页;李知宴:《青瓷工艺成熟的标志》,《文物》1988年第39—40页。
6. 侯样祥:《"官窑"正义》,《艺术评论》2014年第6期,第124—127页。

为砖瓦，以给缮营及瓶缶之器"[1]。根据《辍耕录》引用的南宋叶寘《坦斋笔衡》，"本朝以定州白瓷器有芒，不堪用，遂命汝州造青窑器，故河北唐、邓、耀州悉有之，汝窑为魁。江南则处州龙泉县窑，质颇粗厚。政和间，京师自置窑烧造，名曰官窑。中兴渡江，有邵成章提举后苑，号邵局，袭故京遗制，置窑于修内司，造青器，名内窑。澄泥为范，极其精致，油色莹彻，为世所珍。后郊坛下别立新窑，比旧窑大不侔矣"。

从上述文献中可以归纳出以下几个关键词：北宋"官窑"、南宋"修内司窑（内窑）"与"郊坛下新窑"，它们是否为实际存在的官窑呢？学者们认为田野考古工作有助于解决这些问题。

那么，把文献资料与考古资料结合起来分析能否解决上述问题呢，现在看来未必。这是因为不同学者对考古资料的解读及其与文献记载之间的联系认识不同的缘故。比如有关北宋"官窑"是否存在的问题，1987年河南省文物考古所在梳理了以往考古调查的资料基础上，对宝丰县大营镇清凉寺村瓷窑址进行了考古勘探和试掘。发掘结果表明，窑址规模在25万平方米以上，获得了大批窑具、瓷片和各类完整的瓷器约300件。其中20余件胎质细洁、釉质蕴润，满釉，器表有鱼鳞状开片，外裹足支烧，与传世北宋宫廷汝瓷相同。发掘者认为该窑址是文献记载中的汝窑遗址，该窑不仅奉命为北宋朝廷烧制御用汝瓷外，还大量生产民用瓷。御用瓷器的器形有鹅颈瓶、折肩瓶、细颈小口瓶、碗、盘、洗、盏托、盂和器盖等。[2] 李辉炳根据文献梳理和考古资料分析，

---

1. [元]脱脱等撰：《宋史》卷一六五《职官志》五，中华书局，1985年点校本，第3919页。
2. 河南省文物研究所：《宝丰清凉寺汝窑址的调查与试掘》，《文物》1989年第11期，第1—14、59页。

认为清凉寺遗址就是"官汝窑"，出土的器物中部分是"官汝窑"，大部分是"民汝窑"，这个与文献中先"命"汝州造青窑器，后"自置"官窑烧造的文献记载是一致的。"官汝窑"遗址的发掘也进一步证明北宋官窑就是汝窑。[1]不过知名陶瓷研究鉴定家汪庆正不赞同清凉寺遗址官窑说，他认为汝瓷不是官窑而是民间窑场，因其烧造精良而被宫廷选中，奉命烧制御用器物——汝贡瓷。[2]另外，河南省文物考古研究所在2000年—2004年先后三次小规模发掘了汝州市张公巷窑址，窑址中发现青釉瓷器和素烧器的埋藏坑，能够复原器物有瓶、盏托和器盖等瓷片，它们与约30千米外的汝窑器既有相同之处也有不同之处，表现在两地釉色、胎体和装烧方法各不相同。不少专家认为该窑是北宋官窑。[3]当然也有学者如秦大树对此持否定意见，他认为张公巷窑是金元时期生产类似汝窑器物的青瓷窑场，元代至元年间成为为官府生产礼制性器物的官窑。[4]

接下来看看学者们是如何看待文献中的南宋"郊坛下窑"和"修内司窑"的。为了弄清楚《南村辍耕录》记载的杭州市江干区闸口乌龟山古窑址的性质，1984年至1988年，中国社会科学院考古研究所、浙江省文物考古研究所和杭州市园林文物局合组南宋临安城考古队，对乌龟山窑址即上述文献所说的郊坛下窑进行

---

1. 李辉炳：《宋代官窑瓷器之研究》，《故宫博物院院刊》1992年第2期，第3—17页。
2. 汪庆正：《官、哥两窑若干问题的探讨》，《中国考古学会第三次年会论文集》，文物出版社，1984年，第182—188页。
3. 孙新明：《汝州张公巷窑的发现与研究》，《文物》2006年第7期，第83—89页。
4. 秦大树：《宋代官窑的主要特点——兼谈元汝州青瓷器》，《文物》2009年第12期，第59—75页。

了发掘，清理了窑炉1处，以及房基3座，辘轳坑2个，釉料缸2个，排水沟、道路等在内的作坊遗迹，出土瓷片3万余件和窑具数千件，部分碗、盘、洗等通体施釉，用支钉支烧，与汝官窑相似，还有部分盘、洗、三足盘、樽式炉、觚、瓶等器形与汝官窑以及传世北宋官窑瓷器相同，前期厚胎薄釉青瓷的胎釉配方、造型、釉层开片和用支钉具支烧等工艺都是继承北宋官窑的，而拉坯成型用的辘轳、装坯用的凹底匣钵和龙窑则是选用南方传统的制瓷设备。发掘结果表明乌龟山古窑址就是文献中所说的南宋官窑。[1]至于修内司窑是否存在，学界说法不一。李辉炳认为修内司官窑是被人称为"传世哥窑"的器物，只是窑址尚未发现而已。[2]而沙孟海认为"南宋官窑窑址应该只有凤凰山南麓郊坛左右一个地带，别无所谓'修内司窑址'的存在"。"1930年至1932年，中央研究院周仁等先后三次来杭州实地调查并试掘，在凤凰山南北麓各处获得不少瓷片与窑具，其中有宋代官窑，也有其他杂件……他们的结论是：乌龟山一带获得的青瓷碎片及窑具最多，认定是宋代官窑所在。"[3]

关于元代官窑没有争议。《元史》(《百官》四)中的将作院记载，"浮梁磁局，秩正九品。至元十五年(1278年)立。掌烧造磁器，并漆造马尾棕藤笠帽等事。大使、副大使各一员"[4]。由此可知，

---

1. 中国社会科学院考古研究所、浙江省文物考古研究所、杭州市园林文物局编著：《南宋官窑》，中国大百科全书出版社，1996年。
2. 李辉炳：《宋代官窑瓷器之研究》，《故宫博物院院刊》1992年第2期，第3—17页。
3. 沙孟海：《南宋官窑修内司窑址问题的商榷》，《考古与文物》1985年第6期，第105—106页。
4. [明]宋濂撰：《元史》卷八八志《百官》四，中华书局，1976年点校本，第2227页。

元朝建立之初就已经设置了官窑。考古资料表明，元早期烧造了大量具有官窑性质的卵白釉瓷即枢府瓷。在珠山北麓元代窑业堆积中清理出一批卵白、青花、蓝地白花、蓝底金彩、孔雀绿底青花和孔雀绿地金彩等瓷片，它们与传世的卵白釉印五爪和四爪龙纹、八大码、八宝纹和"枢府""太禧"铭瓷器非常相似，当属元官窑瓷器即浮梁磁局的产品。根据元朝孔齐《静斋至正直记》记载"饶州御土，烧罢即封，土不敢私也"，可知当时对优质制瓷原料"御土"使用范围严加管控。甚至有学者认为，瓷局的窑厂可能选择景德镇地区条件较好并有一定基础的优秀民窑作为定点的窑场，官窑的工匠可能借助民窑场烧造皇家用瓷，当时的珠山北麓、湖田和落马桥等窑场可能是浮梁磁局管辖的窑场之一。[1]

三 明代官窑及相关研究

关于明朝的官窑设立时间，主要有两种说法，一种说法是洪武二年，另一种说法是洪武三十五年。洪武二年说见于《浮梁县志·衙署》的记载，"御器厂"条记载"御器厂，建于里仁都珠山之南，明洪武二年设厂制陶以供尚方之用，规制既宏，迨后基益扩，垣周五里许"。又《浮梁县志·物产志》记载"明洪武初，镇如旧属饶州府浮梁县，始烧造岁解，有御厂一所，官窑二十座"。这个记载得到考古资料的验证。1960年代以来，在南京明故宫遗址发现了具有鲜明洪武特征的白釉矾红彩云龙纹盘瓷片，五爪龙纹造型介于元与永乐龙纹之间。另外在安徽凤阳明中都皇城和皇陵遗址也发现了同样的釉里红凤纹瓦当，明中都始见于洪武二年

---

1. 江建新：《明代官窑瓷器研究——以御窑厂遗址出土遗物为中心》，文物出版社，2020年，第6—7页。

（1369年）、停工于洪武八年，因此上述瓷器当是洪武初年生产的官窑瓷。[1]江建新认为珠山御窑厂、落马桥和十八桥等窑址可能是洪武官窑瓷器的烧造窑场，《浮梁县志》与出土遗物表明官窑是由地方官吏与朝廷派遣的工部官员共同督造的。[2]

洪武三十五年说见于《明史·成祖一》。建文四年"诏，今年以洪武三十五年为纪，明年为永乐元年"。1987年景德镇陶瓷研究所在明御窑厂遗址发现"永乐元年"题记的釉里红盘口瓶证明了上述文献记载无误。[3]

至于文献中的明官窑设立时间为何不一致，刘毅给出的说法是，"设立了御器厂，不一定进行连续生产，晚于洪武的几个年代可能是御厂暂时关闭后重开之误记"[4]。

我国学者围绕明代官窑做了多方面的研究，他们有的讨论款识，比如孙瀛洲谈明初官窑瓷的年款问题；[5]有的讨论青花瓷器特点，比如潘文锦总结明代各期官窑青花瓷的特点；[6]有的讨论纹样，比如张东讨论了明代景德镇官窑中的梵文和藏文瓷器；[7]有的用科

---

1. 张浦生：《南京明故宫新发现洪武时期釉里红建筑构件考》，《东南文化》1990年第4期，227—230页。
2. 江建新：《明代官窑瓷器研究——以御窑厂遗址出土遗物为中心》，文物出版社，2020年，第53—63页。
3. 江建新：《明代官窑瓷器研究——以御窑厂遗址出土遗物为中心》，文物出版社，2020年。
4. 刘毅：《明清陶瓷官窑制度比异》，《南方文物》1992年第4期，第81—86页。
5. 孙瀛洲：《试谈明代永乐、宣德景德镇官窑瓷年款》，《故宫博物院院刊》1960年第2期，第138—141页。
6. 潘文锦：《明代各期官窑青花瓷的特点》，《陶瓷研究》1986年第1期，第19—23页。
7. 张东：《论明代景德镇官窑中的梵文和藏文瓷器》，《上海博物馆集刊》第7期，上海书画出版社，1996年，第144—157页。

技方法检测瓷器，比如苗建明等采用科技检测方法鉴定明代官窑青花；[1]有的讨论官窑制度的，比如刘毅对比讨论了明清官窑制度；[2]也有讨论御窑厂的，比如江建新以出土遗物为中心探讨明代官窑瓷器；[3]也有少数专家给出了明代官窑瓷器鉴定方法，比如耿宝昌对明初官窑的造型特征、图案纹饰、胎釉特征、各品种特征和鉴定要点作了简要说明，[4]它是鉴定和研究明代官窑的扛鼎之作。

四 写在最后

感谢编辑给予我拜读1941年英年早逝的英国年轻瓷器研究者和收藏家白兰士敦（A. D. Brankston）的 *EARLY MING WARES OF CHINGTECHEN* 译稿机会。在阅读译稿时，读到轻工业出版社于2022年9月出版的该书译本《明初官窑考》。轻工业社译本增加了"编译导读"，它为读者理解原著成书背景等提供了重要参考资料。该译本的编译者们认为该书是西方第一部系统研究中国明初官窑瓷器的著作，并给予高度评价。同时译作中指出原著中存在的部分不足之处。

笔者基本赞同轻工业社版编译者对白兰士敦著作的评价，浏览了白兰士敦原著后有如下几点感受。

首先，原著书名与内容稍有出入。原著把永乐、宣德、成化和弘治统称明早期或初期不妥，一般来说这段历史时期称作明代

---

1. 苗建明、余君岳：《EDXRF方法对景德镇明代官窑青花瓷器的无损分析研究》，《考古》1995年第12期，第1131—1135、1114页。
2. 刘毅：《明清陶瓷官窑制度比异》，《南方文物》1992年第4期，第81—86页。
3. 江建新：《明代官窑瓷器研究——以御器厂遗址出土遗物为中心》，文物出版社，2020年。
4. 耿宝昌：《明清瓷器鉴定》，中华书局，1984年。

早中期更准确。

其次，原著中"青花瓷器始烧于元或宋"的说法过时了。1983年扬州建筑工地上的唐城遗址中采集到青花瓷片，[1] 2003年河南省考古工作组在巩义黄冶三彩窑址中发现了唐代青花，[2] 2006年郑州上街峡窝唐代中期墓出土了两件青花塔式罐，[3] 这些考古资料表明青花至迟始烧于唐代。

另外，原著中还有一些表述不准确，比如认为压手杯上的纹饰是以刻花或以泥釉表现在釉面上的，这个说法与事实不符。建议读者阅读本译本时，参考最近20年刊布的明代官窑瓷器研究成果，这样既有助于理解白兰士敦的原著内容，又可以加深对明代早中期官窑瓷器的认识。

尽管白兰士敦原著中不可避免地存在一些瑕疵，但是不影响它作为我国读者了解明代早中期景德镇官窑瓷器的生产情况和国外收藏的官窑瓷器的重要参考资料。本书译者出于对原作的尊重，在翻译时未做修正，个别表述不准确的部分在上文中已概述。虽然轻工业出版社已经出版了质量上乘的译本，但是本译本也有自己的特色。两个译本各有千秋，它们都是我国读者了解西方陶瓷研究成果的入门书。

黄建秋
南京大学历史学院教授

---

1. 顾风、徐良玉：《扬州新出土两件唐代青花瓷碗残片》，《文物》1985年第10期，第77—80页。
2. 记者王阿敏、单纯刚：《河南巩义发掘出唐代青花瓷》，《光明日报》2003年4月21日。
3. 郑州市文物考古研究院、郑州市上街区文化新闻出版局：《郑州上街峡窝唐墓发掘简报》，《文物》2009年第1期，第22—26页。

致 谢

如果本书中存在一些没条理的内容,笔者要在这里先行向读者朋友们致歉,另外,我还要补充一些非常重要的内容。

首先,对书中所涉参考文献的作者们,我真诚致谢。另外,对本书的完成同样重要但不太知名的几位英国和中国的收藏者、大行[1]以及古董商,我也要在此一并感谢。

其中,我要特别感谢W. W.温克沃斯先生(Mr. W. W. Winkworth)、利·阿什顿先生(Mr. Leigh Ashton)和H. R. N.诺顿先生(Mr. H. R. N. Norton)慷慨地提供了本书所涉器物的介绍。此外还要感谢乔治·尤摩弗帕勒斯(Mr. George Eumorfopoulos)和大维德爵士(Sir Percival David)[2]的帮助与鼓励。另外,在笔者于伦敦的中国艺术国际展览会工作期间,R. L.霍布森(R. L. Hobson)也毫无保留地给笔者提供了不少宝贵建议。

在北京,福开森(Dr. J. C. H. Ferguson)和吴赉熙也慷慨地给了本书不少的意见和指正。另外,故宫博物院的李鸿庆(Lee Hung chin)先生承担了查找中文文献并翻译成英文的工作。

1.古玩圈中的行话,即眼力好、实力雄厚的行家。——译者注
2.均为重要的中国艺术品收藏家。

笔者还要感谢魏智（Henri Vetch）先生对本书的审校，他提出了很多有价值的建议。另外他还对本书中的注释和翻译进行了编辑工作。

最后，感谢上海的T. D.戴维先生（T. D. Davy），以他的耐心和技术，使得本书的装帧为内容增色不少。

目 录

导　言　　　　　　　　　　　　　　　　　　　　　　001

第 一 章｜永乐时期（1403—1424年）　　　　　　　007

第 二 章｜宣德时期（1426—1435年）　　　　　　　065

第 三 章｜成化时期（1465—1487年）　　　　　　　173

第 四 章｜弘治时期（1488—1505年）　　　　　　　203

第 五 章｜浮梁地区及其窑口　　　　　　　　　　　211

第 六 章｜瓷器"炼金术"　　　　　　　　　　　　221

附 录 1｜凤与龙　　　　　　　　　　　　　　　　249

附 录 2｜主要器型和尺寸　　　　　　　　　　　　253

附 录 3｜中国的瓷器产地　　　　　　　　　　　　267

导言

致歉

在图书馆最堆满尘埃的角落里,有着早已被人们遗忘的诗集、史集和游记——这些书籍希望借由文字把作者的所观、所触表达出来。相较于文字和语言,也许所观和所触才能带来真正的体验感。正所谓"没有真正感觉到的东西就不存在"。

所以,在我们开始论述、分析、斟酌这些长篇大论之前,我想先引用惠斯勒(Whistler)在《树敌雅术》(*Gentle Art of Making Enemies*)中的一段话,以便读者们在接天莲叶的莲花丛中可以节约笔墨和时间。[1]

> 仔细检查,认真评判——以应有的分量建立不重要的声誉——通过背面的零星污点去探索一张画——通过那缺失的腿去推测躯干的样子——将对笔法的疑问记录下来——对身份低贱的人们的出生地持怀疑而骄横的态度——窥探,于众多文章中寻找出一篇糟糕作品的巨大价值。
>
> 这些藏品记录员,他们把(艺术品)备忘录和自己的雄心壮志混淆在一起,以统计学的视角去丈量艺术,将15世纪的文献编档,把古董安置在那文件夹的小隔间里!

以及:

> 艺术,如同那冰冷的玉,使她的心变硬,前往东方,去寻找南京的瘾君子,于此邂逅意趣相投之人——精心呵

---

1. 本书中,作者多次用莲花来指代瓷器,此处也可能如此。——译者注

护他那些青花瓷器，描绘他那些娇羞的少女，并在他的盘子上落上她选中的六字款识。他对于她的陪伴漠不关心，他只钟情于自己的精巧之物。他对她召之即来，挥之即去。

再回西方，她的下一任情人会与她一起去马德里的画廊，然后他们会向全世界展现这些工艺已然登峰造极的艺术品。在数日的欢愉中，他们日渐亲密，并从彼此的身上体会到一种超越常人的愉悦。

她为这份志同道合感到无比荣耀，并且确信将来有后来者能看到这些艺术品，也必然能理解她此刻的情愫。

这些文字公然反对了罗斯金（Ruskin）以及19世纪的主流画坛。但这段话非常适合本书，所以笔者做了引用。但是，惠斯勒真的知道，那些15世纪的瓷器究竟是什么样的吗？

惠斯勒所乐在其中的"她选中的六字款识"，毫无疑问，应是较为晚近的作品，而15世纪的瓷器作品才是这些晚近作品的真正灵感来源，这就如同19世纪的画家们的灵感皆来自委拉斯凯兹（Velasquez）一样。尽管惠斯勒十分推崇中国瓷器，但其实，他终其一生恐怕也没能见到那些所谓"真正登峰造极的作品"。而本书中所描述的，便是所谓"后来者"对他这种心绪的理解和体悟。

如果在这一点上，笔者描写得不够清楚且太过絮絮叨叨，从而阻碍了正常的阅读，那就只能归咎于笔者对这些幻想的肆意放纵了。

眼力

"您的眼力真好！"当古董商从一堆老旧、破烂的废墟中拿走一件廉价的赝品，转而又放上一件更古老的艺术品时，他常常会这么说。"但是，这件也还不够好！所以去我乡间的工作室喝杯茶，然后让我的助手帮您找一些更有价值也更令您满意的东西吧！"

如果眼力不够，古董商们显然是不敢售卖商品的。他们是在对器物的持续接触和日常把玩中积累出眼力的，这些器物包括青铜器、玉器、绘画和瓷器。

为了测试自己的能力，读者们可以试试看每天用不同的杯子喝茶。如果有条件，可以选择一只产于15世纪的杯子，其他的几只则来自更为晚近的时间。两周之后，如果您没有对任何一只杯子产生意趣，那么就可以确信，您对于瓷器的收藏大概只是为了打发时间或者装饰房间罢了。也许，收藏邮票或钱币更适合您。

论述范围

在笔者看来，明初的官窑瓷器在瓷器史当中已到达登峰造极之境。若用莲花比之，则永乐之瓷，如含苞待放；宣德之瓷，似娇艳欲滴；成化之瓷，则随风摇曳。从线条上说，只有定窑的划花才可与之媲美；从器型上说，只有越窑的杯盏才可与其平分秋色。而如今，我们只能通过触摸上林湖附近的瓷器残片来想象和揣度越窑的精美了。

商代青铜器的造型和设计水准肯定是在周朝和汉代之上的。而从16世纪至今的瓷器，无论在造型还是创意上，其实都是以15世纪的官窑瓷器风格为其源头的。瓷器衰落的原因有很多，也许最重要的原因是：到16世纪，瓷器已不再被人们认为是贵重的东西，成百上千的碗被生产出来，数百名陶工给皇家的御膳房烧造具有装饰性的器皿。在16世纪工匠们狂热的匆忙感中，真正的艺术家消失了。17世纪时，这种对瓷器的艺术性追求出现过回光返照，但很快就又被打断了。匠人们转而开始用浮夸的玫瑰红并绘有金色瑞兽图案的转心瓶去取悦圣上。

明三彩瓷器在霍布森的著作中已有提及，故不赘述。而青花瓷器则在浮梁以外的几个地区也有烧造。马尔科姆·法利（Malcolm Farley）先生在福建德化的窑址中也发现了不少窑址废弃物。但是，由于缺乏关于这些窑址的完整信息，我们对这些器物就不多介绍了。

中文文献转译

笔者首先尝试阅读的是两本出版于清朝的文献：《陶录》[1]和《骨董志》。这两本书的内容使笔者倍感满意，但是当笔者开始研读《遵生八笺》时，看法有所改变。这本书是《骨董志》的一个文献来源，故而这两本书有很多相似之处——事实上，它们几乎是一样的，只有一些由于抄书者的粗心大意而导致的细微差异。进一步研究发现，《陶录》其实也是抄袭的。因此笔者决定不再看这些清代的抄本，并且逐一去检查他们的文献来源。如此，很多复杂的文本变得清晰，笔者对于观察的准确性也更有了信心。

为了避免出现一些不连贯的词组，笔者尽量选取符合当时语境的词汇，并从不同的翻译角度将它们串连在一起。在每一章选取的文献中，笔者都注上了原作者的姓氏。

---

1. 指《景德镇陶录》。——译者注

第一章

①

永乐时期

（1403—1424年）

明代瓷器是中国陶瓷史上一个崭新的时期，对于中国的瓷器，其实我们不用向前追溯太远。虽然有关瓷器的起源是一个非常非常古老的故事，但是其中大多数细节都是令人困惑的、语焉不详的。如果一些在安阳被发现的商代器皿的烧造温度能够更高一些，那么中国的瓷器历史或许会提早到3000年以前。

明代的瓷器积蓄着烧造者们的能量，穿越了500年的历史长河，却仍旧带着当年浓郁的时代风味，似乎当年的制瓷者在这些东西当中找到了真正的"长生不老药"。今天，这些瓷器的使用价值和实际意义都已然丧失，但它们仿佛有一种能力，能够把年代浓缩为数字，并在文字和人们的口耳相传中获得永恒。

瓷器诞生于唐朝时的景德镇，当然也可能更早。青花瓷器则始烧于元朝，或者更早的宋朝。[1] 但是直到有明一朝，景德镇御窑厂才建立，这里的瓷器每年都要向皇家供奉。所以，我们会发现，景德镇正是从15世纪才声名鹊起的。曹昭在成书于洪武二十一年（1388年）的《格古要论》中有云："今白瓷者景德镇最佳，有青黑色戗金者，多是酒壶、酒盏，甚可爱。"但这些瓷器并不仅仅是为了满足皇家用瓷之需要。《浮梁县志》中记载，洪武二年（1369年），御窑厂设于珠山之南，但《江西通志》则载御窑厂是洪武三十五年（1402年）才设立的，实际上这一年也是建文帝的最后一年。洪武帝在位31年，建文帝也沿用了"洪武"的年号。无论怎样，这短短四年里的官窑瓷器是最不可能被流传下来的。

所以，从元代官家用的枢府釉盘子到精美绝伦的永乐脱

1.近年考古资料表明，青花瓷始烧于河南巩县窑。——编者注

胎碗的流转变迁轨迹，我们现在只能从一些民间瓷器或者随葬品的残瓷中发现端倪。

笔者见过口沿包铁、撇口、内饰龙、马、鸟、莲的小杯子，内龙纹外青花的靶杯，以及其他以泥浆（slip，一种泥和水的混合物）描绘纹饰的碗和杯盏，都没有落款。

明太祖年号"洪武"，在他于1398年驾崩之前，一直生活于南京的皇宫之中。他的孙子朱允炆继承了他的皇位，号"建文"。朱允炆在位期间，增强文官在国政中的作用，对大臣放权，对外部事务漠不关心。此时，他的叔叔朱棣在北平拥兵自重，借助蒙古人的强盛兵力以及惠帝朱允炆的孱弱，最终攻打南京并很快占领了此地，摧毁了皇宫。

为了维护朱允炆的名誉，官方宣称对他的遗骸已经进行体面的官方葬礼。但更有传奇性的说法是，朱允炆通过秘密地下隧道，潜逃至广西、四川的山中寺庙做了和尚。当他的身份在1440年显露后，据说被安排居住在北京，直到去世。

由于皇宫被毁，洪武或者建文的官窑瓷器应该不太可能幸存下来。又或者，洪武皇帝早已将明代早期的制瓷秘方带进了坟墓。

朱棣登基，年号"永乐"。他把首都选在北京是为了更好地监控蒙古人的一举一动。他在北京修建了新的皇宫、塔楼和城墙。他的确是一位出色的战略家，在初登王位第一年的血雨腥风之后，便很快开始重建秩序，并使得国家走向一段繁荣昌盛的时期。只有一个拥有宏大视野和雄心壮志的人，才有自信建立北京这样的帝都。其实，永乐时期纤巧美丽的瓷碗上对凶猛嚣张的龙纹刻画，也足以表达出这位帝王的一些性格特征。

在大多数情况下，官窑瓷器的使用完全是根据皇帝的意志来决定的。因此，我们也许可以通过瓷器上的一些纹饰去一窥帝王个人的本性和喜好。尽管难以言表，但是将这些瓷器中的纹饰和史料进行交叉比对时，其结果是十分有趣的，也是相辅相成的。

在宣德以前，给官窑瓷器书写年号的做法其实并不常见。尽管永乐甜白釉瓷器已经通过刻花或泥浆方式给瓷器添加了款识，但以青花给官窑瓷器添加款识的方式还并不为人所知晓。因此，我们只能从永宣两朝的同类青花制品来分辨永乐青花瓷。一些中国的文献对这些瓷器进行了归属分类，但是仅仅凭借文献来归类恐怕并不靠谱。

文献

中国文献的作者们对这一时期瓷器的评价是：

> 若我明永乐年造压手杯，坦口，折腰，砂足滑底。中心书有双狮滚球，球内篆书"永乐年制"四字，细若粒米，为上品；鸳鸯心者，次之；花心者，又其次也。杯外青花深翠，式样精妙，传用可久，价亦甚高。
>
> ——高濂《遵生八笺》

> 永乐细款青花杯。
>
> ——张应文《清秘藏》

> 若近时仿效，规制蠢厚，火底火足，略得形似，殊无可观。
>
> ——高濂《遵生八笺》

永器鲜红最贵。

——蓝浦《景德镇陶录》

今烧此器好者，色白而莹最高。又有青黑色戗金者，多是酒壶、酒盏，甚可爱。

——曹昭《格古要论》（1388年首版）

压手杯是最适合放在手掌间把玩的器物，很多人将其视作明代瓷器中最有趣也最精妙的一种。此种器物如脱胎轻薄，巧夺天工。

尽管《遵生八笺》中未有提及以暗花装饰的压手杯，但事实上，杯上纹饰确实以刻花或泥浆的形式展现于釉面之上。从造型的角度而言，有几只碗与文献所述完全一致，但碗中心绘有双狮纹饰的却未曾见到。它们都以泥浆装饰精美的龙纹和八吉祥纹。

大英博物馆的弗兰克先生（Frank）所收藏的那件最为著名。线图1展示了龙纹的其中一种类型，碗心的珠纹内书写四字篆书款。尤摩弗帕勒斯有一件与此相类似的碗，但那件碗的款识则以泥浆书写。值得大家注意的是，本线图中所展现的是龙，是一条正面龙，并且有鬃毛，除非是在非常充足的光线下，否则，我们很容易将其误认为狮子。同样，如果光线不佳，我

线图1

014

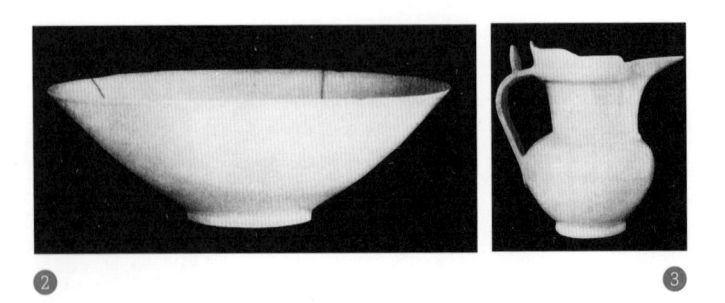

❶ 盘，内外壁均以青花绘穿莲龙，宣德款识，直径21厘米。
❷ 压手杯，以泥浆绘制的龙纹杯，参见线图1。直径19.7厘米。
❸ 僧帽壶，刻花装饰，参见线图8。高19.2厘米。

们也很容易将其珍珠形状的外框误认为绣球。

这种碗[1]的比例比较均衡，其造型变化也是十分细微的，高度往往等于它底足的直径，而其口沿的直径则近乎是其高度的三倍。而后世仿制品圈足和碗整体的比例却往往失衡变小。康熙时期的仿品是最为精妙的，只有从其瓷面的绘画风格、圈足以及圈足的釉水才能窥探出两者的区别。但是，在日光特别好的时候，如果将康熙和永乐的器物放在一起进行比较时，我们还是很容易发现究竟孰优孰劣。康熙时期的瓷器釉面均匀光滑，器型规整有度，釉色近粉白。

而永乐朝的瓷器则带有更多制作者本人的印记，其器身轻微起伏，釉面也不那么均匀，质地致密（solid rich texture），釉色因烧制情况而更为多变，在甜白（cream-white）到天青（ice blue-grey）之间变动。其底足釉面较为稀松轻薄处，多会被氧化成较暗的金黄色。而康熙时期仿造的瓷器其底足则呈相对统一的白色。大多数明代瓷器的底足最后都会用小刀进行修胎，切出来的表面也比较平整，但这个面既不是楔形也不圆润。而清代的陶工则更愿意将底足修得比较圆滑。似乎是在胚体较为松软的时候，他们就用刷子或者手指进行了打磨。

---

1. 作者将压手杯认作碗。——译者注

线图2

线图3

线图4

线图5

这种形制和尺度的碗常绘有两种不同风格的双龙戏珠，珠内书四字篆书款。

线图1的绘画显然出自一位技艺高超的匠人之手，他以胸有成竹的线条和造型方式重现了龙的气息。这种绘画难度很大，其作品在我们中国官方收藏的鲜红釉靶杯以及奥本海姆（Oppenheim）收藏的白釉靶杯上亦可见到。

线图5和线图6所展现的凤纹则都仿自这一时期的瓷盘。而这种类型的凤纹很可能与上文提到的龙纹（线图1）出自同一位匠人之手。线图2展示了另一种风格的龙纹，这个图案来自尤摩弗帕勒斯收藏的一只碗。这件器物不一定是永乐时期的，但应该为明代作品无疑。

另一种绘有莲托八宝纹饰的器物烧造质量也非常高，几乎可以与线图2所示的龙纹类器物相媲美。但是，这两种类型的器物质量都略次于线图1所展示的龙纹类器物。还有一种五开光团龙纹（five dragon medallion）碗，但看起来都是晚明或清初的仿制品。

所有压手杯的直径都在20厘米左右。此外，似乎还有一种与压手杯的造型和比例都差不多的杯子，但它的直径一般只有10厘米，对于这类器物，笔者还未找到一件毫无疑问属于永乐时期的典型之器。

这些压手杯上的纹饰与线图3和线图4所展示的莲花或龙纹饰类似。莲花杯上的纹饰以泥浆绘就，底款以细针刻于浆胎之上。这种器物的工艺，尤其是底足部分，相较于永乐时期的杯子而言，是非常精细的，但它又与清代的仿制品不相类似，似乎是16世纪的制品。另有一件以厚厚的泥浆绘制出龙纹的杯子，则是现代仿品，其款识以泥浆书写，十分清晰，这一类的

④ 莲子杯，宣德时期，直径10.1厘米。
⑤ 莲子杯，永乐时期，直径10厘米。
⑥ 馒头心碗，永乐时期，直径13.1厘米。

器物，几乎都是这几年景德镇的仿造之物了。

莲子碗

　　还有两种在中文文献里时常出现的器型，就比较难以甄别了，它们在造型上都有些许的不同。笔者从未见过亦未听闻过有内绘鸳鸯纹饰（duck and drake）的器物。尽管这种器物的烧造和存续并非绝无可能，但或许我们更应该把研究的重点放在该类器型的其他装绘类型上。如果中国的研究者们在文献中对分类的原则一以贯之，那么我们就必须把此类器物也称为压手杯，而且是内心绘画鸳鸯的压手杯，不过，相关中文文献也可能另有所指。

　　鸳鸯，除了代表鸳和鸯，还可以指代雌雄（男女）或者阴阳、奇偶。所以，将莲子碗形状描述成莲花（莲子），其实只是众多解释中的一种而已。该类碗其中心位置是凹下去的，足底则是凸出来的。大维德亦有收藏此类器物，其内部以泥浆施绘图案，外部刻花。这件器物几乎拥有永乐时期瓷器的所有典型特征。它的底足特征即便在宣德时期的瓷器也已经很少能见到。圈足的修胎（利）与压手杯或者其后要提到的器物相类似。胎体比较糯，釉面薄处氧化成一种金黄色。器身里外都以暗花装饰，与图15所展示的永乐本朝的青花器物相一致。宣德时期的款识则被展现在图14和图13上。永宣时期的其他类似作品将

④

⑤

⑥

⑦ 莲子碗，宣德时期，直径15.6厘米。

⑧ 莲子碗，永乐时期，直径16厘米。参见图9、图10。

⑨ 图7的碗底。

⑩ 图8的碗底。

⑪ 花浇，永乐时期，高15厘米。亨利·韦奇夫人收藏于北京。

⑫ 印泥盒，永乐时期，直径19厘米。

在"青花瓷"这一节有所展示。

此外，本组图片中还有其他几个品种，也可以确定它们都是出自永乐时期的作品。

盘类器物

线图5所展示的是盘类器物中一个非常重要的纹饰，它的设计风格和压手杯上的龙纹如出一辙。凤的羽毛与龙的鳞片都是由一排排的点构成的，其绘画风格也差不多。釉面的色泽明亮，与压手杯类似，光亮的表面上，有一些气泡造成的小凹陷。口沿处，锋利顺滑，釉面近淡黄色，底足釉面的稀薄处也会呈现此类色泽。

永乐时期的款识都是在器物烧造前就预先被刻在器身上的。这种方式使得釉面稍显凹陷，而这种特征不背对着光是看不出来的。这种方式在宋代就被用来给盘子或者碗制款。但在明朝，除了永乐时期，就再没有其他时期用过这种方式来给瓷器制款了。大多数带有暗花的器物均无款，这大概是因为烧造温度过于高了，釉水没能固化，流了下来，致使款识没能够很好地显现。

具有与凤纹盘同样特征、但无款识的，还有云龙纹、云凤纹以及花卉纹器物（线图6、线图7）。其龙纹不露正脸，其他特征和大压手杯上的龙纹差不多。需要注意的是，凤和凰，一雄一雌，这一点从它们的尾巴上可以进行分辨（参见线图5和线图6）。此种类型的盘子常常在胎体中心处刻画三朵云纹。

僧帽壶

此种造型的壶一开始多为白色刻花装饰，后来则有了鲜红釉的。而这种鲜红釉色的壶过去常常被归为宣德的器物。

白釉的僧帽壶与永乐时期的其他瓷器都差不多，似乎没有什么理由把它划离出永乐时期的器物。它的造型令人欢喜，而且十分适合把玩。可以肯定，它是用于仪式性场合的，很可能是在礼佛时进行使用。笔者曾经见过两个中心图案以莲托八宝纹为装饰的僧帽壶，（线图8），此类壶通常还会刻绘梵文以及缠枝莲、莲花瓣纹饰。在尤摩弗帕勒斯的收藏中，就有一件图案为莲瓣梵文的。这类器物之所以叫僧帽壶是因为其壶嘴形似僧帽。

中国官方所收藏的三系壶[1]和三系罐[2]与僧帽壶的"血缘"也非常相近。这两件器物虽然都没有款识，但都具备该类别的显著特征。另外，在故宫的档案中，对这些藏品的年代也有着明确的判断。中国官方所藏的白釉刻缠枝莲大梅瓶和刻花小壶（dainty little ewers）也和这些器物的关系非常密切。

靶杯

无论是形制上还是尺寸上，永乐时期的靶杯都是多种多样的。大号杯子深口，呈钟型撇口；中号杯子碗状，杯身较浅；小号杯子的深浅、造型则介于中号和大号两者之间。这些器物连同永乐朝的其他瓷器都会在附录图解中说明。三种类型的靶杯足皆中空，足内施釉。（见于附录2，如e，f，g）

---

1. 疑为青花凤纹三系把壶，目前藏于台北故宫博物院。——译者注
2. 疑为明代甜白釉暗花三系罐，目前藏于中国国家博物馆。——译者注

线图6

线图7

线图8

线图9

第一种g型的两件代表器物属于中国官方所藏并曾于伯灵顿府进行过展出。一件以八吉祥（Eight Buddhist Emblems）为饰，一件以八宝纹（Eight Precious Objects）为饰，再施罩一层奶色釉面。内壁中心刻四字篆体款。在使用时，这种造型的器物往往和僧帽壶配套使用。

e造型的器物笔者曾见过三个。第一件来自奥本海姆的收藏，器身内侧以泥浆绘双龙纹，龙的造型与前文提及的压手杯上的龙纹造型相似，款识亦施釉，并书写于周圈的圆形框内。第二件系笔者所藏，与前一件器物造型和装饰都差不多，只是它的款识被刻在火珠内（如线图1所示）。中国官方也藏有一件与笔者这件相似的器物，只不过那件器物的釉色是鲜红釉，若干枯玫瑰之色泽。

第三种类型f的器物则更为娇小。中国官方有一件此类器物的收藏，这也是笔者唯一知道的一件。其内壁以泥浆绘双龙为饰，龙纹和前文提到的第二种压手杯相似（如线图2），款识也用泥浆书写在内壁。

在尤摩弗帕勒斯的收藏中，有一件与第二种类型（e造型）的器物在尺寸、造型以及风格上完全一样的藏品，只不过它是素面白釉器，内侧有宣德青花款（如图21）。这件器物与永乐时期的其他器物差不多，人们会将其当作永乐后期的产物。

青花瓷

早在15世纪初，穆罕默德蓝（或称苏泥勃青）就被中国人用来烧造青花瓷器了。但若要控制它的呈色，则是一门需要花费大量时间才能够掌握的技艺。在笔者所见的这一时期的

⑬ 图4的杯底。
⑭ 图5的杯底。
⑮ 永乐时期的类似碗底。

器物中，这种蓝釉的发色都在翠蓝（deep kingfisher）到烟黑（smoky black）之间。

图4、图5、图6和图7、图8所展现的永宣时期典型的碗型器就是很好的例证。它们的装饰大体相同，但是所用的青花料却全然不同。为了适应烧造温度和钴料那种如黑烟晕散入釉面的特殊性质，永乐器上的青花彩绘常常需要进行细微的调整。

永乐的碗与前文的白釉碗一样，都是锥形底足，如图14。在釉水比较薄的地方，釉面也会被氧化成金黄色，胎体洁白。和其他此时期的碗一样，底足亦被用刀剔削。相较于宣德的器物而言，永乐时期的瓷器更加纤细，釉面也更为明亮。在釉面较薄的地方，钴料会晕散得更为发黑，而在釉面厚实一些的地方，蓝色则呈现出翠蓝色。

较小的碗和杯都与宣德的器物显示出相同的特征。与图6所展示的中心隆起的浅腹卧足碗相比，它的中心凹陷较深。其釉色、胎体以及青花料都与其他此类器物一致。这种碗心凸起的器物，我们通常称之为"馒头心"（Loaf Centre），同样装饰的此类造型的碗有来自宣德时期的，也有产于16世纪的（但纹饰或许有差别）。

还有一些其他造型的器物也会书写永乐款识。比较常见的有外绘凤纹，内绘年款，底足无釉的碗或者碟子。还有一种绘

026　　　　明初官窑考

⑬

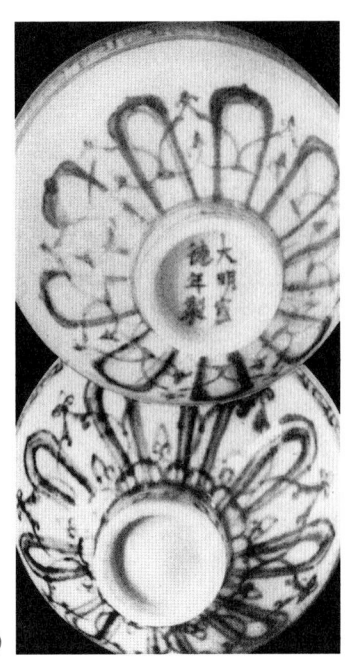

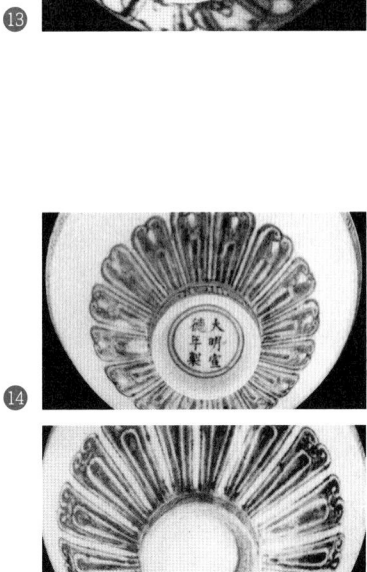

⑭

⑮

027

有松柳高士的锥形杯，款识书写于内壁，底部不施釉。这种造型的瓷器上经常会有雍正的款识，所以我们只能猜想，这种造型的源头很可能来自永乐时期。北平的故宫博物院收藏有一只绘有《赤壁赋》（苏东坡偕友泛舟）题材的大碗。这种造型的碗在图75—图81中有所展示。相比于其他18世纪的器物，它的蓝料色泽更暗，绘画线条也更为粗粝雄强。这些书写有"永乐年制"款识的器物应该就出自永乐本朝。但是从它们的质量上来说，不太可能是官窑。

鲜红（Fresh Red）

《陶录》中提到，有明一朝，永乐创烧的鲜红釉是非常珍贵的。所以，今天关于鲜红釉的实物我们能够见到的并不多，也就不那么令人讶异了。

唯一有明确款识的鲜红釉靶杯来自中国官方的收藏。它的内壁绘釉下双龙纹，火珠中书写四字篆书款。釉色若褪色之玫瑰红并伴有轻微开片。杯把中空，内壁施青白釉。它的造型、尺寸和绘画风格都与之前提到的白釉靶杯差不多。

有些盘与其釉色相同，其内壁边缘绘双龙环绕为饰，中心处则暗刻三朵祥云。它的釉面肥厚，轻微透明，只有在釉面稀薄甚至胎体裸露的地方，才能看到龙纹，底足亦不施釉。

大维德收藏中亦有一件与上文提到的盘十分相似的器物。但它的红色更明亮，开片也更为细密。这件器物也用泥浆绘双龙纹并刻绘祥云纹，不过它的底足是施釉的。

僧帽壶在白釉刻花器物这一章中已有提及。在中国官方的收藏中，有一件与白釉僧帽壶造型相似的红釉僧帽壶。它的釉色色调与前文提到的鲜红有些许不同，它不似开片细密的盘那般釉色明亮，也不似靶杯那般釉色含蓄。它的器身上没有刻花，底部施以白釉。

明 永乐 龙泉窑 青瓷盖罐

明 永乐 红釉暗花双龙戏珠纹高足碗 立

明 永乐 红釉暗花双龙戏珠纹高足碗

明 永乐 青花波涛龙纹带托爵杯

明 永乐 青花朵莲梵文勺

明 永乐 青花波涛龙纹爵托盘

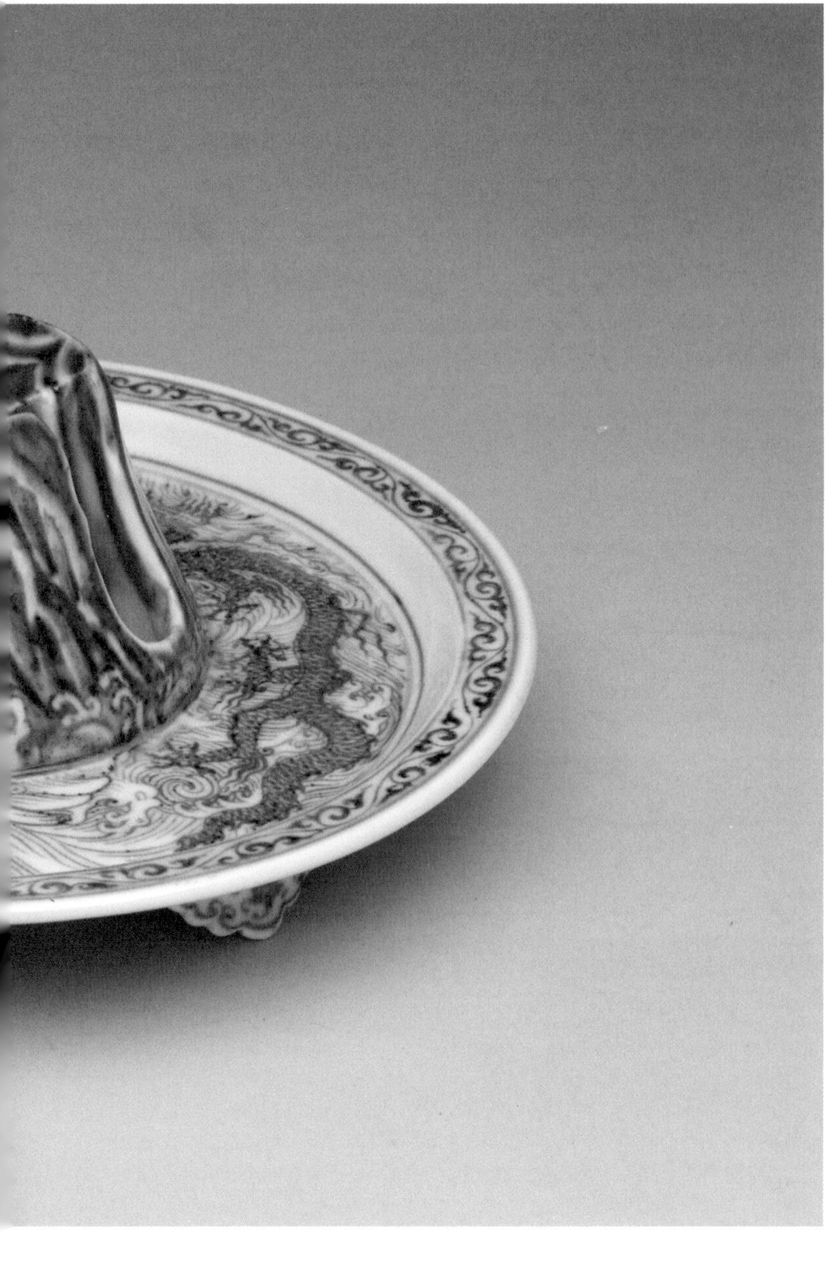

明 永乐 青花凤凰纹三系茶壶

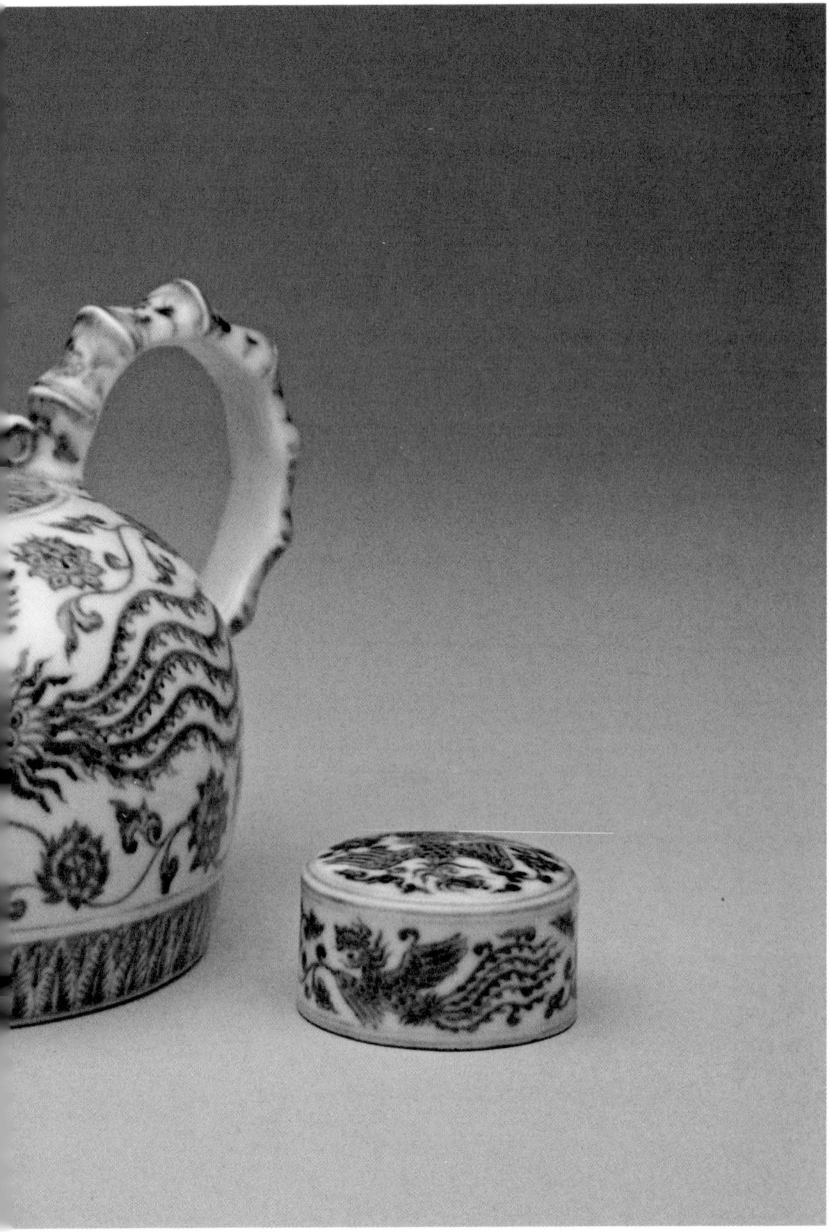

明 永乐 青花花卉纹葵花式杯

明 永乐 青花花卉纹葵花式杯 正

明 永乐 青花莲花纹梅瓶

明 永乐 青花牡丹纹带盖梅瓶

明 永乐 青花描金卷草莲纹碗

明 永乐 青花描金卷草莲纹碗 立

明 永乐 青花牡丹纹带盖梅瓶 分盖

明 永乐 青花山茶花纹如意耳扁壶

明 永乐 青花四季花卉执壶

明 永乐 甜白暗花菱花式杯

明 永乐 甜白半脱胎锥拱双龙纹高足碗

明 永乐 甜白半脱胎锥拱双龙纹高足碗 立

明 永乐 甜白莲花纹梅瓶

明 永乐 甜白如意耳扁壶

057

明 永乐－宣德 龙泉窑 青瓷划花莲瓣纹碗

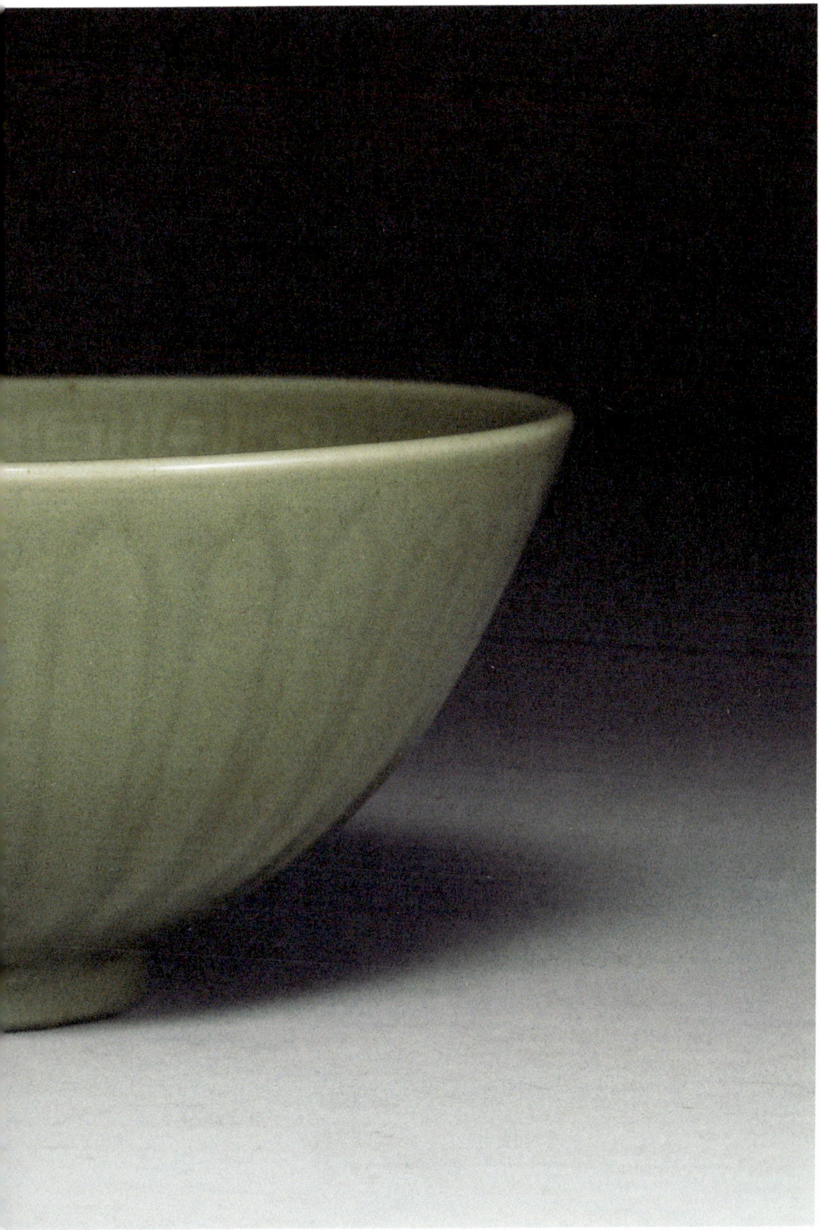

明 永乐-宣德 青花云龙纹天球瓶

明 永乐 翠青釉三系盖罐

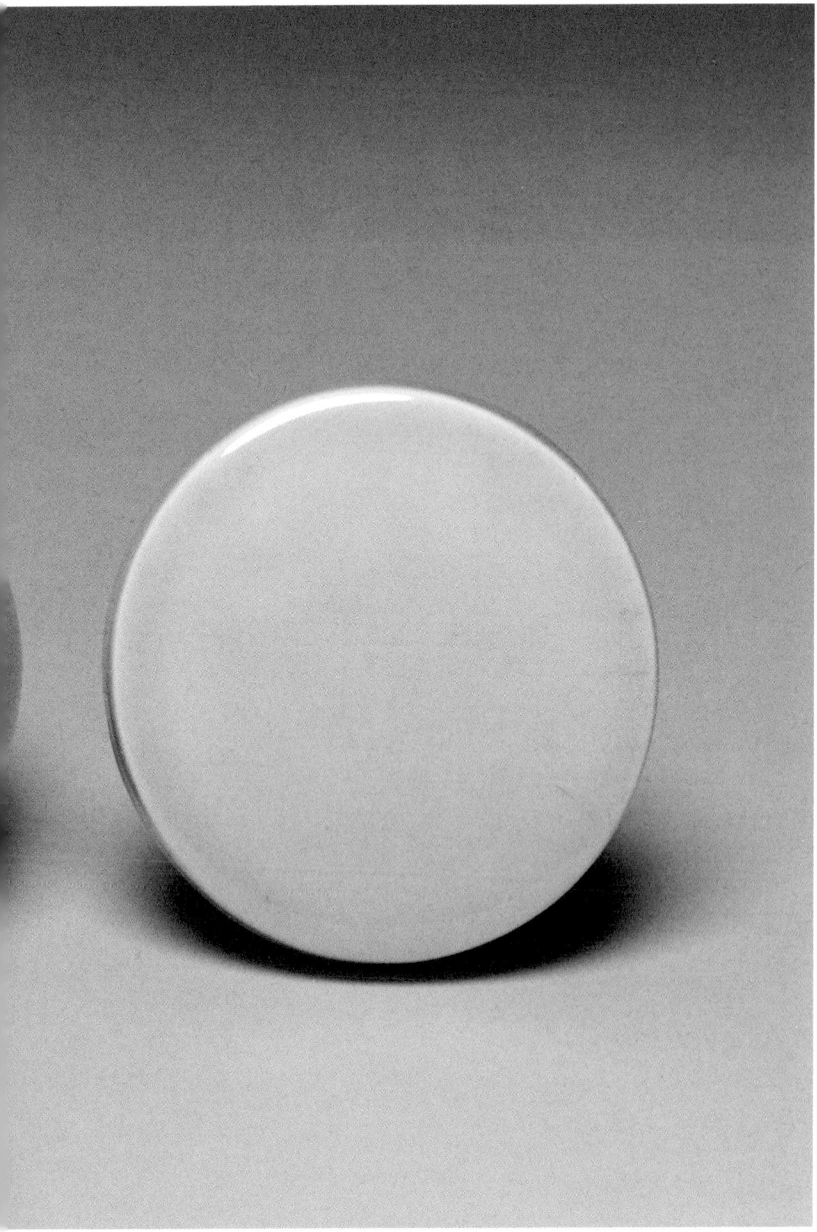

第二章

宣德时期（1426—1435年）

凭借着自己的勤政和魄力，明成祖朱棣使其帝国经历了一段安逸的时光，他也终于得以完全掌控这个帝国。他的继承者仁宗则是一位生性更加宽容，也更加和善的人，但在位仅仅一年便去世了，他的年号"洪熙"也只使用了一年。

因此，宣德皇帝从他继位伊始就几乎掌握了所有的权力。天下人心皆已被永乐皇帝安抚和规训，所以此时，正是明王朝最繁荣也最丰饶的时期。宦官受到管控，大臣们对皇室忠诚而又办事高效。

恰如沈德符所言："盖宣窑天纵，留意曲艺。"人们在把玩这一时期的器物时，大概都会同意沈氏的看法。此时期的器物有着无法言喻的高超质量，如烟般缥缈虚幻，却又处处彰显着那个不可一世而又鲜为人知的黄金时代的精神风貌。神龙行走在莲花之上，破云翻海。然而，这些纹饰的完整含义似乎已随时光渐渐暗淡，如同一场久远的梦。

文献

惟饶州景德镇所造，遍行天下。每岁内府颁一式度，纪年号于下。

然惟宣德款制最精，距迄百五十年，其价与宋器埒矣。

宣窑不独款式端正，色泽细润，其字画亦皆精绝。

——谢肇淛《五杂俎》

宣德年造红鱼靶杯，以西红宝石为末，图画鱼形，自骨内烧出凸起，宝光鲜红夺目。若紫黑色者，火候失手，似稍次矣。

青花如龙、松、梅茶靶杯、人物、海兽酒靶杯、朱砂小壶、大碗,色红如日,用白锁口。

又如竹节把罩盖澄壶、小壶,此等发古未有。

——高濂《遵生八笺》

然花样皆作八吉祥、五供养、一串金、西番莲,以至斗鸡、百鸟、人物故事而已。

——沈德符《敝帚斋余谈》

他如妙用种种,惟小巧之物最佳,描画不苟。而炉、瓶、盘、碟最多,制如常品。若罩盖扁罐、敞口花尊、蜜渍桶罐,甚美,多五彩烧色。他如心有坛字白瓯,所谓坛盏是也,质细料厚,式美足用,真文房佳器。又等细白茶盏,较坛盏少低,而瓮肚釜底线足,光莹如玉,内有绝细龙凤暗花,底有"大明宣德年制"暗款,隐隐橘皮纹起,虽定磁何能比方,真一代绝品,惜乎外不多见。

——高濂《遵生八笺》

冰裂鳝血纹者,几与官、汝窑敌。

——张应文《清秘藏》

又若坐墩之美,如漏空花纹,填以五色,华若云锦。有以五彩实填花,绚艳恍目。二种皆深青地子。有蓝地填画五彩,如石青剔花,有青花白地,有冰裂纹者,种种样式,似非前代曾有。

——高濂《遵生八笺》

> 余见御用一茶盏,乃画"轻罗小扇扑流萤"者,其人物毫发具备,俨然一幅李思训画也。外一皮函,亦作盏样盛之。小铜屈戍,小锁尤精,盖人间所藏宣窑又不及也。
>
> ——谢肇淛《五杂俎》

> 水注有五采桃注、石榴注、采色双瓜注、双鸳注、鹅注,笔洗有鱼藻洗、葵洗、磬口洗、螭洗、双领灯。
>
> ——孙承泽《砚山斋杂记》

> 蟋蟀澄泥盆,最为精绝。
>
> ——陈继儒《妮古录》

细节补充

《江西通志》载:"宣德初,以营缮所丞专督工匠。"尽管只有短短九年时间,但宣德朝制瓷业却是最为兴盛的时期。

款识

这一时期在器物上书写年号的做法,给我们鉴别此时期的器物提供了帮助。尽管对于此时期款识的仿造从明代正德年间至今都层出不穷,但是宣德款识的书法风格还是相对较易识别的,特别是在看过一些标准器物以后,识别这种款识更是不难。

御窑厂的产量不会太高,一名陶工大致能够应付一天的生产量。经过观察,此时期瓷器上的书法风格,大概出自三四个匠人之手。图16—图22就为大家展现了这一时期瓷器上的典型书写风格。

⑯ ⑰

⑱ ⑲

⑳

㉑ ㉒

⑯ 书于图35的靶杯。　　　　　　　⑰ 图52的杯底。
⑱ 书于图51的碗。　　　　　　　　⑲ 书于图43的盘。
⑳ 书于图24的靶杯。　　　　　　　㉑ 书于一件白釉靶杯，尤摩弗帕勒斯收藏。
㉒ 书于一件八宝纹碗。

笔者并不认为这些书法可以代表此时期的书法风格，尽管它们的确具有一些时代气息，但更准确地讲，这些瓷器上的款识书法风格只不过是少部分被督窑官选中的匠人们的书法风格而已。甚至，这些书法风格很可能是根据皇帝本人的喜好而决定的。

即便是在今天的中国，一个孩童在接受完一些初级的书法教育之后，也会被鼓励去模仿某一位著名书法家的风格。因此，除非这个孩子具有自己独立的创作风格，否则他的书法大概也会是类似12世纪的米芾或宋徽宗的风格，而非什么20世纪初的类型吧。

图16—图22所展示的款识风格当然没有囊括所有宣德时期御窑厂写款工人的书法风格。但是，笔者相信，本书中所展示的这一部分一定是最具代表性和典型性的。

除了书法风格，款识的书写还有其他几种形式。在一些底足施釉的盘和碗上，我们常常会见到的一种款识是双圈六字款，有时亦有单圈的，但较为少见。在底部未施釉的盘子上，款识则常常见于盘外壁的口沿处，为单行横排款。而对于靶杯来说，款识则常常被书写于杯底内侧的中心部位，另外，黄釉靶杯的款识常被暗刻于杯内壁。

还有一种非常少见的碗型器物，其款识为双方框单行六字款，具体见图22。它的外壁绘缠枝莲加佛教八吉祥。"宣德年造"四字款在宣德本朝的官窑瓷器中非常少见。一些写有"宣德年造"的罐子和盘基本都是用来出口的外销瓷,它们的残片在中国南海的贸易通道,以及菲律宾地区都有发现。

如果款识中某一个字的某一笔画是经过两次的书写之后才成型的,那么,这件器物很可能是后来的仿制品。同样,在釉下青花的绘画方法上也能发现此类仿制品的纰漏。

青花的质量

从宣德朝以来,大量的古今文人、学者都对宣德青花的评价甚高并将其推为青花料的巅峰。一个重要的原因是宣德朝使用了苏泥勃青,而到成化时期,这种釉料业已枯竭。也有人说,永乐时期的青花也使用这种釉料,只不过对釉料性质掌握得不太好。

青花的发色很大程度上取决于具体器物的烧造情况。在一些器物上,釉面稀薄的地方,青花的发色更好,而在另一些器物上,则正好相反,釉面较厚的地方,青花的发色更好。这很可能是由于在烧造后期,过多或过少的空气进入了窑炉。另外,烧造的匣钵上出现了孔洞也会造成这种情况。

每一件器物的纹饰、造型、款识都差不多,但是,它们的青花色调则全然不同。所以,我们不能说某一个青花色调一定属于某个特定的时代。另一方面,在对比完一些标准器之后,无论器物的烧造情况如何,我们都很容易判断苏泥勃青和普通本土青料之间的区别。

当青花料施用较厚或较薄时,釉面的颜色就会呈现黑色或暗棕色。在一些图片中,我们可以清楚地看到这种情况。这种随机产生的特殊性,在整个清朝,即便是技术最高超的模仿者也无法仿制。为了尝试得到与永宣瓷器相同的青花发色，清代的匠人常会通过反复用笔把额外的蓝料拍打在器物上。这种痕迹在器物上清晰可见，但是这种方法机械笨拙，进而造成瓷器的釉面看上去较为呆板、拘谨，呈现出来的青花颜色也更加灰暗。本土青料则会呈现出一种均匀的灰色，这种青料常常以淡描施加于器物。虽然有一些例外，但蓝中闪现少量黑色，或者青料再氧化的情况还是比较少见的。

宣德青花似乎是悬浮于釉面之上，并不沁入胎体的。这可能是因为这一时期的瓷器为了方便匠人对其表面进行装绘，大多在外层涂抹了薄薄的泥浆，而这些泥浆中也都会含有釉料，这就使得青料被夹在了两层釉料之间。

釉面

通常来讲，宣德时期瓷器釉面最突出的特点是细密肥厚，有橘皮纹。用放大镜仔细查看的话，在这些橘皮纹里，会看到细小的气泡，每一个气泡的表面都有微小的凹陷，这便是橘皮纹的结构特点。只要放大镜的倍数足够，我们可以在任何一件瓷器上看到此类橘皮纹，因而，虽然这种纹饰是宣德瓷器的一个重要特征，但后世对于这种纹路的模仿还是比较成功的。

绘画

有关宣德青花瓷器的鉴赏，釉面上的绘画风格是一个关键点。此时期的绘画超越了后世所有的时代，能和此时期绘画相媲美的只有唐宋时期的越窑和定窑。

此时期的青花瓷备受青睐，烧造这些瓷器也就肯定花费了大量的人力、物力、财力。设计者、陶工和画师通力合作，

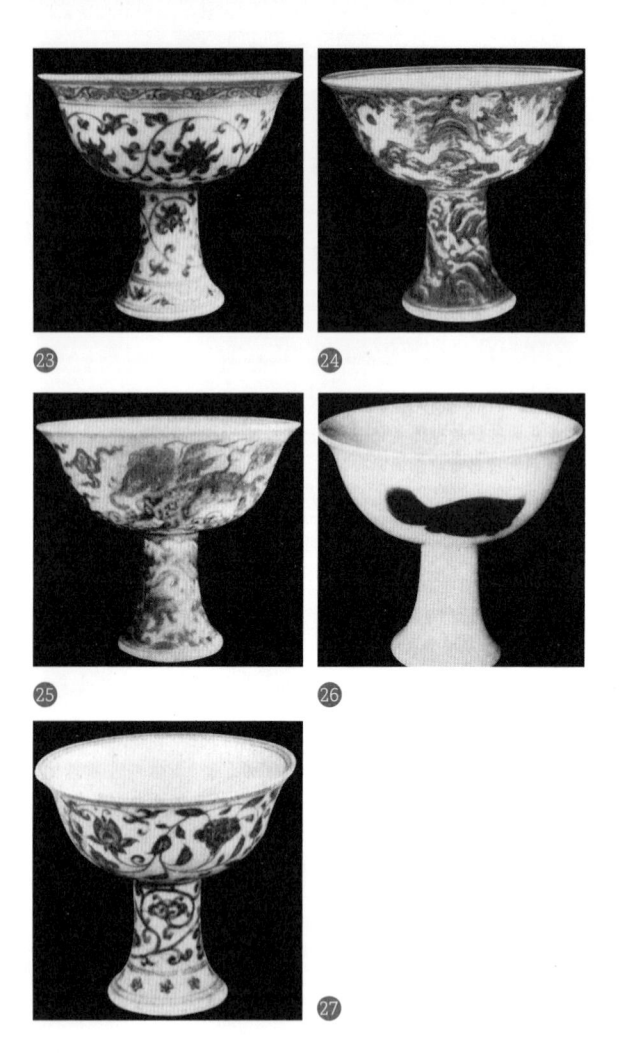

㉓ 宣德靶杯，直径10厘米，高8.7厘米，饰青花缠枝莲纹，吴赉熙收藏。

㉔ 宣德靶杯，直径10厘米，高8.7厘米，饰青花海水留白五龙纹，参见图20。

㉕ 宣德靶杯，直径10厘米，高8.7厘米，饰青花海水双飞象纹，大维德收藏。

㉖ 宣德靶杯，直径10厘米，高8.7厘米，饰釉里红三鱼纹，尤摩弗帕勒斯藏，维多利亚和阿尔伯特博物馆。

㉗ 宣德靶杯，直径10厘米，高8.7厘米，饰青花缠枝莲纹，大维德收藏。

㉘ 带盖靶杯，宣德时期，高约14厘米，塞奇威克收藏。

㉙ 靶杯，宣德时期，高约12.5厘米。

30 **32** 压手杯形的碗，外壁通体青花装饰，内壁以泥浆绘饰。口径20.2厘米，底径7厘米，高6.8厘米，宣德款识。底部见图30，可与图31后期仿品中的款识、花卉画法、附着在根茎上的叶片等进行比对。

把他们的想象力、技能和审美情趣汇聚在一起，最终才生产出这样精美的瓷器作品。他们并没有墨守成规，大量的需求也没有让他们急功近利。一个很重要的事实是，清朝的宣德仿制品尽管再精美，但都缺乏了宣德本朝瓷器的个性，单从绘画来说，清朝的模仿往往是亦步亦趋、没有灵魂又缺乏生气的。

图30、图31的两件器物的特征对比也许正可以说明这个问题。仿制品的款识书写和花卉绘画都比较糟糕。"明"字的写法差别明显，而仿品中的"宣"字则很不协调。就拿莲花的绘画来说，两位陶工画出来的质量也是不同的。一位陶工已经知道如何控制青花料的使用，如何绘画一朵莲花，而另一位却只会将花叶的边沿打上稍黑一些的补丁。另外，仿品所绘的叶片与支撑花朵的主根茎贴合得太过紧密了，这一点也显得非常笨拙。

容器的使用

毫无疑问，宣德朝的很多瓷器都是礼仪类用瓷。它们的主要装饰图案都和佛教有关。其造型也与其他时期的日用瓷器不太一样。

靶杯通常注满清水，而后被置于神坛之上。在进行祈福活动时，有把或无把的净水碗也会被注满清水放置在神坛上，以此象征一种水对内心的净化。

靶杯上通常绘有梵文的"唵、嘛、呢、叭、哞、吽"。其

30

31

32

077

㉝ 盘，内心绘腾跃于青花海浪间的龙纹，外壁绘青花海水双龙纹，内弧壁则以泥浆另绘双龙纹，参见图41，口径17.7厘米，侯时塔收藏于北京。

㉞ 靶杯，杯身外壁饰青花海水四龙纹，杯柄处另绘一龙，很可能和图33的瓷盘成套用于祭祀场合，可与图1和图42比对画法，口径16.8厘米，高11厘米。

寓意是：在盛开的莲花中，宝石晶莹剔透，表达出一种"涅槃而至极乐世界"的至高境界。

僧帽壶也常常被用于相类似的仪式，它的作用是注水。

很多尺度较大的碗或盘，都被用来进行不同的仪式性活动。并且，这些具有类似图案的器物（靶杯、碗、盘）很可能是成套组合使用的。图33和图34就是一个很好的展示。

目前还没有文献记载祭坛上所用器物的类型。不过我们可以想象，最隆重的仪式肯定是发生在天坛或者皇宫里的。冰冷的风将大理石的穹顶清扫得一干二净，穹顶上雕刻有繁复的龙凤纹，有尖顶的塔闪着金光、红光和蓝光，使其看上去与这个时代极不相符。这些仪式如今已不复存在，如同消散的青烟，消逝于20世纪的种种事物之中。

御用官窑

釉下红彩——高濂的《遵生八笺》中描述的第一类器物就是此种。在尤摩弗帕勒斯的收藏中，也有一件红釉靶杯。如今，这件器物被收藏在维多利亚和阿尔伯特博物馆（见图26），它的每一处细节都与文献描述相符。无论放在陶瓷艺术史的哪一个时期，这件器物都是如此精彩而可爱。它的款识以青花书写于靶杯的内壁中心（这种类型的器物具体见图20）。这件杯子的造型、尺寸与之后讨论的一件软膏瓷泥浆（slip of soft

㉝

㉞

079

㉟ 以青花、釉里红、刻花装饰的宣德靶杯，饰青花釉里红海水龙纹，口径 15 厘米，大维德收藏。
㊱ 以青花、釉里红、刻花装饰的宣德靶杯，饰青花海水留白暗刻九海兽纹，直径 15.5 厘米。
㊲ 以青花、釉里红、刻花装饰的宣德靶杯，饰青花花卉纹，款识参见图 16，口径 12.4 厘米。
㊳ 以青花、釉里红、刻花装饰的宣德靶杯，饰青花双龙纹，直径约 15 厘米，据说现藏于瑞典。

paste）制作的青花杯十分相似。

　　毫无疑问，这就是宝石红。对于窑炉中的温度，宝石红比常用于单色釉的鲜红釉色要更为敏感。而这两种红釉其实都是以铜为呈色剂。

　　第三种类型的红色就是所谓的釉里红，这种红一般用来描绘瓷器上的花朵。通常，它只能是薄薄地画上一层，因为它太容易烧造失败了。而在它被烧坏之后，就变成了我们要讨论的第四种类型的红色——釉里黑。

　　过去，中国人认为，红宝石是烧造这类红色釉的一种原料，这与事实不符。有人认为"西方来的宝石"应该是红玉髓。但是作者从未听说这些瓷器中添加了铜以外的其他成分。

　　鲜红釉的器物有大小碗盘、僧帽壶、小水壶以及一些其他器型。

　　"红若日光"的大碗类器物比较少见，除了故宫的收藏以外，笔者只知道三件。盘子的尺寸各不相同，款识的书写方式有青花的，也有刻于胎体的。

　　17 和 18 世纪对于此类器型的仿造品也做得十分不错。至少从釉面和釉色的角度而言，仿造品几乎可与原作媲美。但仿造品的款识书写则与原作稍有不同，许多糟糕的款识书写几乎可以一眼辨明真假。高仿品也会在款识上犯错误，即便仿造的匠人们已经书写得十分用心，但仿造者写的字往往太过于规矩，

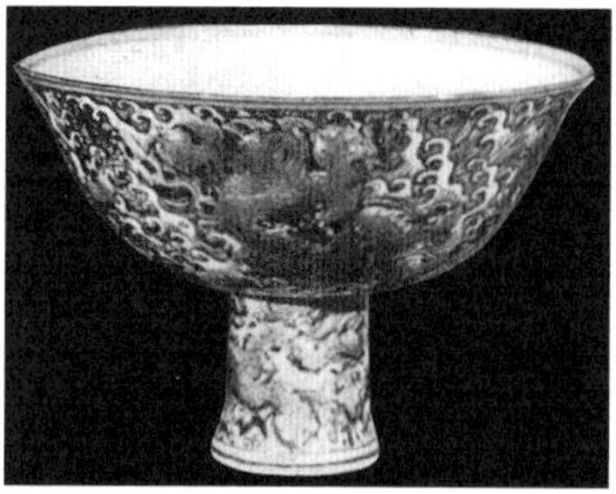
35

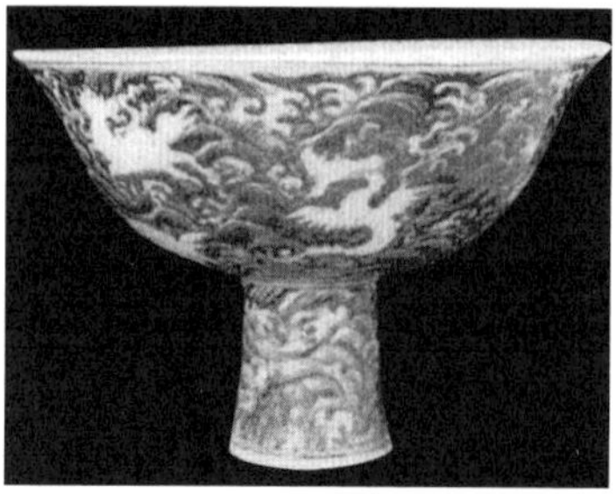
36

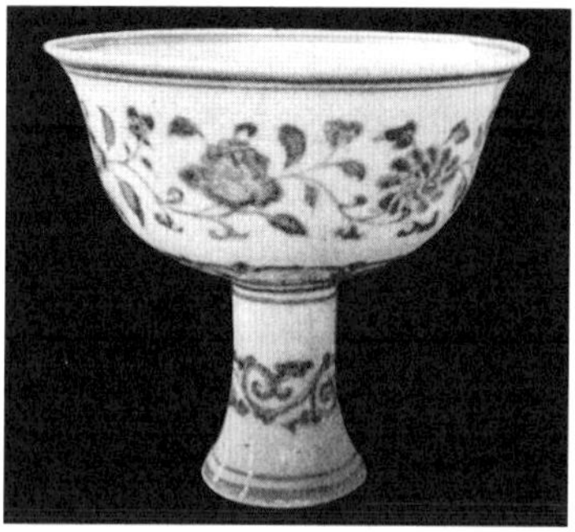
37

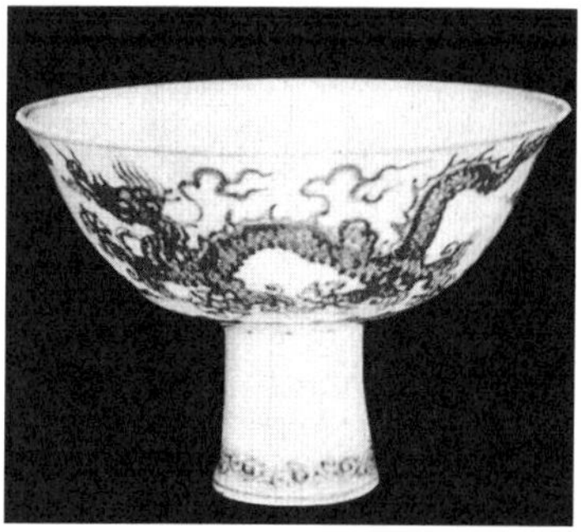
38

比如"宣"这个字的笔画不是太平就是太直。此外，仿品在用青花书写款识时，其色调也会比较暗淡单一。

宣德窑最重要的一个特征就是其底部常有轻微起伏凸起，而清代的仿制品无论内壁还是底部都是较为平整的。

宣德时期，瓷器的底足边缘露胎处常常会呈浅红色（light red）。而清代瓷器对于这一特性的仿造往往做过头了——其器物的整个底足都被施上了亮橘色的釉（fine orange）。当然，这两种情况可能都有一定的偶然性，但如果分析其烧造过程，似乎又很可能是必然的结果。

在底足成形之前，也就是底部刚刚烧成固态的时候，铜红釉会被施于器物的内外。当釉水完全干燥之后，器物会再次被放回制陶轮上。底部和底足边缘被用刀修剪（修胎），然后再将白色釉泼洒或刷在器物底部。在这个过程中，外壁上的铜红釉由于被触摸，很有可能会流淌到底足的边缘。在烧造之后，这种偶然的小纰漏，会造成零星的亮红色斑点，而这也正是我们常常会在宣德瓷器底部见到的。

清代的制瓷方式以及底和底足边缘的修胎都与明代差不多。但根据清代制瓷工匠对于明代瓷器的观察和研究，他们更喜欢在制作完成时在底部边缘用湿漉漉的刷子刷上一遍，正如我们今天在景德镇看到的那样。这就使得器物外壁的釉水会平整地流淌在整个底足边缘，并且使所有的修胎痕迹全部消失。烧造过后，在平滑的底足毛边上会布满一层平整的鲜红釉。

因此，如果仅仅是喜欢这种釉色，那么就没有理由不满意清代的仿制品。因为它只是在气质上略逊于宣德时期的瓷器，但从装饰性的角度而言，做得还是不错的。

如果这种器型的盘被放到强光下观察，就能看到暗花装饰的痕迹，但也有例外，即暗花几乎消失不见，这可能是为了达到与前文所说的早期器物相似特征而致，要么是因为泥浆太薄，要么是因为火的温度太高，要么就是釉料本身就不合适。

青花靶杯

有一些靶杯是用于佛教仪式的，还有一些则纯粹是用来装酒的，它们或许也还有其他用途，但至少在宣德朝，除了极少数的例外，它们都是在被装满清水之后，放在佛祖或菩萨面前的供奉台上的。而成化时期的靶杯则大多是用来装酒的，该时期靶杯的典型纹饰有葡萄纹、鸟纹和风格化的莲花纹。

宣德时期瓷器的主要图案多与祭祀仪轨有关。不仅是靶杯，宣德时期其他大量的瓷器也是如此。另外，此时期的装饰风格也较为多样——有多种造型的莲花纹、缠枝石榴花纹、凤纹、佛教八宝、八吉祥、五龙或九龙，以及受到伊斯兰风格影响的纹饰造型。

许多靶杯的杯壁内部都有损坏和划痕，这是因为靶杯里面盛有的具有象征含义的"净水"必须极其洁净，所以靶杯的杯壁都是被人擦了又擦的。在某些情况下，靶杯会被一直放在供奉台上，直到里面的水被完全蒸发，这就使得水中的矿物质完全沉淀下来，另外供奉台上的香灰也会落入水中，在杯壁的周围沉淀下来。这种香灰和矿物质有时会积攒到一定厚度，进而变得很难自行脱落，只有用小刀或砂砾去除，而这也会导致杯壁内部的划痕。在中国的瓷器中，这种情况时有发生。从另一方面说，去除这些沉积物也是一个令人兴奋的过程，因为宣德的款识很多时候都是以暗花形式刻画在杯壁中心的，所以在去除完这些沉积物之后，作为"暗花"的款识往往就能够重新显现出来。

宣德时期的靶杯可以分为三种，在图23—图29、图34、图35—图38中我进行了展示。每种造型在设计时似乎都考虑到了它的尺寸和重量。它们的尺寸都非常称手，比较适合于把玩。

第一种类型的靶杯器型和尺寸都与红鱼靶杯相似。它们都以膏瓷泥浆制作并以不同的纹饰进行装饰，这些纹饰包括：几种种类的缠枝花卉纹、白底青龙纹、青花海浪刻绘白龙纹，此外还有穿花凤凰纹和瑞兽海浪纹。这种器型的杯把中空，封底，底部平整且不施釉。底部的胎体往往质量优良，表面哑光，有部分地方会呈现烧焦后的橘色。和通常的素烧坯不同，它摸上去更为光滑。

在一些较大的靶杯中，也有着不同的装饰风格，有时这种器型的内壁也会施釉装饰。此器型的杯把中空，口沿轻微外翻，不封底，杯把内部施釉。有一件十分精美的该器型的器物现收藏于卢浮宫，另一件则如图34所展示。这是一件非常精美的青花器物——一条孔武有力的巨龙正跃跃欲试，想要越过海浪。从绘画风格看，这件器物很可能与图33所展现的器物以及图1所展现的青花龙纹莲花盘出自同一位制瓷工匠之手。这些靶杯具有花形杯身，杯把开光内绘瓜果或龙凤纹，其质量稍逊于那些仅绘画龙纹的器物。还有一种钟型靶杯（如图29），它的器型尺寸与永乐时期的刻花靶杯相类似。

青花盘

此种器型有非常清晰的两种种类。一种较为厚实，底部不施釉；一种较为小巧，底部施釉，且款识以青花书写。

第一种器型的盘很少书写款识。如果书写了，则会以单行六字款书写在器物口沿的外壁上。通常认为，这种大盘是一个单独的大类，它们都烧造于15世纪的早期。毫无疑问，这些器物大部分应该是永乐时期烧造的，还有一部分则可能产自宣德早期。其青花发色通常比较暗，用料也比较厚实，与《陶录》中所言的"色尚淡彩"（light tone）正好相反。

该种器型的中心纹饰通常包括松和竹，它们也是所谓的岁寒二友。此外，纹饰造型还有："春的使者"山桃花以及各种形式的缠枝莲，葡萄和其他瓜果纹。这些盘的尺寸不等，从直径20厘米到直径40厘米的都有，边缘为花口。

基本可以肯定，第二种类型的盘是用于宗教仪式的。也许是放在太庙或宗祠里，或者放在天坛。

当我们发现盘、靶杯和碗都有着相同的纹饰，那么我们便有理由推想，这些不同造型的器物很可能是在某些宗教活动中配套使用的。靶杯用来盛放水或者酒，碗和盘则盛放鲜花和水果。永乐时期的祭器大多以暗花装饰，这一点前文已经进行过描述，而宣德时期的这种青花瓷器则是前者最直接的对应物。

以海水龙纹为纹饰的有靶杯和盘（图33、图34），此外还有莲花龙纹（图1、图42），也许还有云龙纹、云凤纹、穿花凤、莲花鱼藻纹等（图39）。

有三种器型的绘画、款识和颜色是相似的。图1所展示的盘与附录2中的表4f所展示的器物是比较相似的，口

39

40

41

㊴ 深腹盘，饰青花鱼藻纹和莲纹，画法可与图1所示的瓷盘对比，宣德时期款识，口径18厘米，阿尔弗雷德·克拉克夫妇收藏。

㊵ 图1盘的背面，口径21厘米。

㊶ 图33盘的背面，注意其圈足高度。

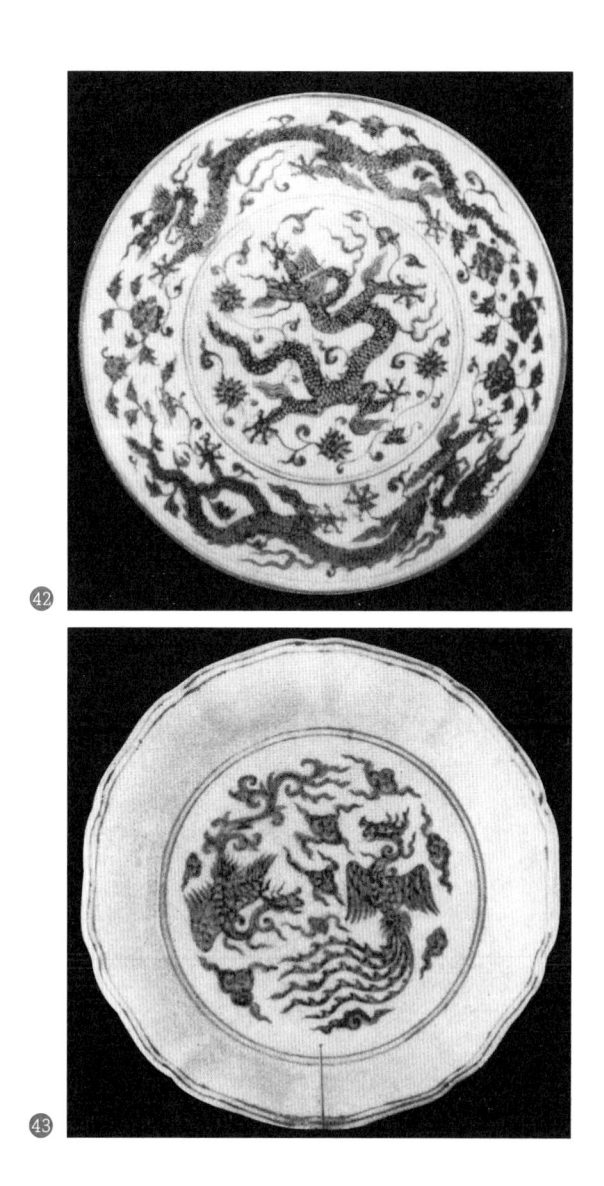

㊷ 盘,以青花装饰,宣德时期,口径19.3厘米。

㊸ 深腹盘,饰青花凤纹,口径16.1厘米,参见图19,塞奇威克收藏。

44

㊹ 葫芦瓶，宣德时期，高26厘米，大维德收藏。

沿为敞口。图33中的盘则口沿外翻（侈口），这就与表4e中的器物比较相似。而深腹的盘（图39—图42），则常常被用来当作笔洗。它们的口沿比较陡峭并且微微外翻，口沿有花边，圈足浅。

前两种造型的盘圈足较深且足缘较锋利，如同削足（undercut）所形成，在图40和线图13中均有呈现。此类盘的陶土质量较高而且比较结实，但绘画是其真正出彩的地方。从这些画面中我们可以真切地体会到大师的手艺和匠心。其他任何时代，都不会有如此精细的艺术感和娴熟的技法，将这些精美的器物呈现给我们。

假若真的存在另一个世界，我们从那个世界向这个世界投以惊鸿一瞥，也许会发觉，宣德瓷器或许并不是给凡人使用的，而是由凡人创造出来给上苍或更高维度的神明所享用的。

青花碗

这一类型的器物造型与永乐时期的差不多，几无改变。大碗底足较为平整，腹部深峻，口沿外翻，莲子碗足小，器身较圆。它的形状与莲花、从中间被劈开的莲子或莲蓬相似。它们没有花卉的造型，但通常在碗的外壁绘画较为风格化的花瓣——永乐时期的压手杯型的碗，外壁施以青花，内壁暗刻花。馒头心碗的造型和装饰则与前文描述的永乐时期的瓷器差不多。

45

46

47

48

49

㊻ 宣德时期的青花碗,口径19.5厘米,塞奇威克收藏。
㊻ 宣德时期的青花碗,口径19.4厘米,尤摩弗帕勒斯收藏。
㊼ 宣德时期的青花碗,口径21.1厘米。
㊽ 宣德时期的青花碗,莲子碗,如图14,口径 16.1厘米。
㊾ 盆,青花饰"岁寒三友"图,宣德时期款识,口径29.5厘米,大维德收藏。

将图7、图8所展示的碗与相同图案的永乐时期的器物相比较,除了有钴料渗到釉面而被氧化的烟黑色小斑点,宣德时期的青花大多"色尚淡彩"。

器物内壁的装绘有明显的伊斯兰风格,外壁的花瓣绘画时代风格明确,并绘"八宝"中的"四宝",以四朵莲花相分隔。叶子的描绘也是此时期的典范之作。它与我们通常见到的叶子不大相似,被绘画得非常简单,而之所以这样绘画,是因为这样能够取悦它的创作者——轻柔的叶在风中曼舞,既抽象又超现实。这种创作在清代的瓷器作品中是不可能见到的。在清代的作品中,叶子就是叶子,梗茎就是梗茎,叶脉就是叶脉,只具有写实的叶形,而无叶的神采。

压手杯造型的大碗是此时期较为出彩的器物,我们在提及缠枝莲的时候其实提到过这类器型,比如图50。它们的造型略有不同,其中部分器物口沿外翻,这一点与永乐时期的压手杯十分相似,还有部分器物口沿轻微内收。它的外壁绘画青花莲纹,十分精美。内壁绘莲纹,中心部分则在开光内以青花绘花瓣(线图10)。在一些器物上,绘画出来的鲜花微微凸起,仿佛是生长在这些碗的器身外壁上。这是在胎体固化之前,瓷器匠人们由外而内对整个碗的碗壁进行按压导致的,也许在此过程中还使用了模具。这些花朵除了给碗添加了一些令人愉悦的不规则的造型外,几乎没有给碗的外观带

线图10

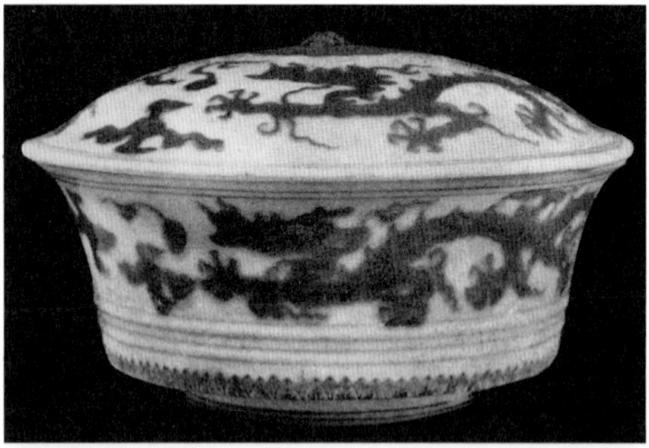

(50)

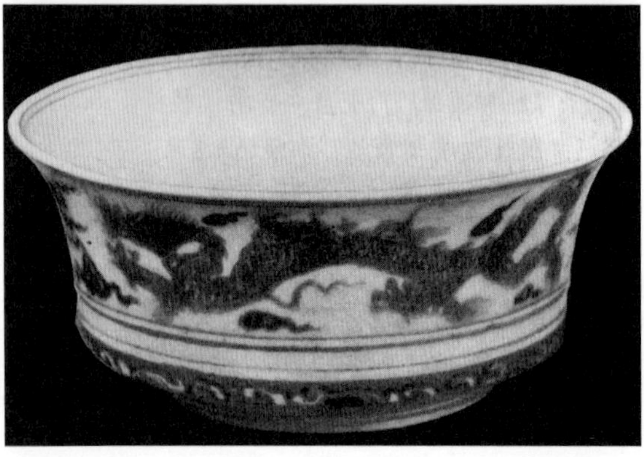

(51)

(50) 盖碗，以青花釉里红装饰，康熙时期，口径17.5厘米，中国官方收藏。

(51) 碗，以青花釉里红装饰，宣德时期，口径17.2厘米，大维德收藏，参见图18。

来多少变化。但如果触摸上去，却让人感到愉悦并赞叹不绝。毫无疑问，这也正是当年的制瓷匠人们制作它们的原因。在宣德时期的釉里红鱼杯和几只带成化款的碗与杯子上，都可以见到这种类似的特性。当然，其中一些做工粗糙的器物就无疑是康熙时期的仿品了。

此外，还有一种青花开光（medallion）内绘瓜果纹的敞口锥形碗（斗笠碗）也很重要。它的边较直，造型并不如前者讨喜，但质量亦属上乘。

釉下青花和其他釉下彩器物

平底广口盖碗在图50、图51中有所展现。这只碗以釉下青花和红彩进行装饰，宣德的款识在碗内壁和盖上都有书写。

碗上的龙纹或以釉下宝石红表现，或以光泽鲜艳的铁元素珐琅彩绘就，展现所谓油红的颜色。此外，还有只以青花或只以红彩进行装饰的同类器物。

在大维德的收藏中，有一件缺少碗盖的此类型器物。在大维德收藏图录和本书图51中有关于此件器物的彩色和黑白照片。如果将这些器物和中国官方收藏的一件疑似康熙朝仿造的器物进行比较的话——通过观察釉面上的龙纹绘画——我们会发现还是有一些区别的。宣德的龙更轻盈，腾云驾雾，冲出云端，龙纹和龙须若旗帜般飘荡在身后。但康熙的仿制品

㊵ 壶，以青花绘五狮，高10厘米，参见图17，尤摩弗帕勒斯收藏。
㊺ 碗，以青花装饰，高7.2厘米，宣德时期。
㊻ 瓶，斑驳的翠蓝色青花装饰，无款识，15世纪早期，高33厘米，吴赉熙收藏于北京。

则完全是一种固化的模仿，龙纹的动态不流畅，龙的须发也飘散得很乱。大维德爵士所收藏的那只碗，其上的红釉鲜亮清澈，另一件同类器物的红釉则深沉模糊，而烧造情况的差异肯定不是造成这种区别的唯一原因。反观中国官方所收藏的此类青花器物则用色较为均匀统一，釉面上的黑点是由于额外的青料堆积造成的，边沿的绘画亦缺乏生气。至于款识的书写，制瓷者在书写时完全是在考虑如何精确地进行模仿，故而也缺乏自信。每一个字似乎都是摹写者一笔一笔模仿出来的，而没有考虑到整体的布局。书法是一种十分敏感的媒介方式，行笔时任何一丝一毫的犹豫摇摆都可能造成败笔，进而漏出仿造的马脚。

吴赉熙先生也藏有一件与第一种类型相类似的器物，不过龙纹上是以鲜红的珐琅釉绘就的。毫无疑问，这件器物上的红釉很可能是后加彩，因为龙的眼睛、周围的祥云以及边线都是先以青花描绘的。

大维德还收藏有一件十分重要的靶杯，外壁釉下青花海浪，红彩绘五龙，杯内侧用泥浆绘两条龙。尽管没有款识，但是它的绘画精美，其烧造年代应该是15世纪早期。

52

53

54

其他造型的青花瓷器

在此时期各种种类的容器中，找到完全一样的两件是非常困难的，即便到今天，也很难把这些器物的种类一一列举出来。因此，制作一个无趣而冗长并且永远无法囊括所有器型种类的清单是无意义的，所以我们只从中择要介绍。

简单来说，这些器型有葫芦瓶、抱月瓶（pilgrim bottle）、用来插花的梅瓶，以及不同造型和尺寸的罐子和酒壶。

我们前面说过，《遵生八笺》里有提到过装酒或酱料的小壶。在中国官方收藏中，此类器物多为青花或红釉的。具体见附录2的表2g。它们的器身造型如同巨大的莲花，釉下雕刻花瓣。底部施白釉，并以青花书写宣德款识。

此类盛放酱料或酒类的小壶有着各种各样的造型，其上多绘五狮戏球，如图52的这件器物。"五狮"代表着子孙延绵，传宗接代，有一种"五世（狮）同堂"的象征意味。此件器物很可能是一件残次品，底足款识周围的窑裂影响了它的使用价值。但是，逝者是不会介意这种小瑕疵的，所以这种轻微裂口的器物，常常会被作为陪葬品来"陪伴"它的主人。

珐琅彩

能确定为此时期的珐琅彩官窑制品几乎没有。除了大维德的收藏图录，笔者没有见过此类器物的其他类型。有一种带款识的彩瓷大碗，《遵生八笺》中将其描述为"五彩"；还有一种桶型（bucket-shaped）的水壶，也是这种"五彩"釉色的。其中第一件无疑属于这个时期的产物，但是它的整体质量与御用青花瓷还是有很大差距的。青花书写的款识色调比较呆板，用料也不是苏泥勃青，黄釉或松石釉厚而模糊，与成化釉面的精致完全不能相提并论。但是，对于花鸟和枝丫的描绘还是比较精神的，整幅画面也比较具有生气。

桶型水壶上的颜色则很不一样。以绿色来说，该器型上的绿色更接近翡翠色，也比其他15世纪的釉色更加接近玻璃质感，局部画面的边线以暗棕色勾勒。但是，我们不能说这种器物是后世对这一时期瓷器的仿制品，因为它们似乎自成一体，与16、17世纪的器物也有着明显区别。

黄釉瓷器

黄釉通常作为一种单色釉被施罩于透明釉面上，这很可能是宣德时期的一种创新。这种黄介乎橘黄和柠檬黄之间，釉面清澈透亮，颜色不多变，但基本无裂纹。

添加黄彩在朴素的白色瓷器上不是什么困难的事情，因此经过两次装饰的宣德器物并不少见。刻款于杯身且杯把内壁施透明釉的靶杯就是一件确定无疑的宣德黄釉器物。

此外，还有绘百合、芙蓉、莲花等图案的黄地青花盘，其款识常以青花书写于盘底。

明 宣德 宝石红釉僧帽壶

明 宣德 宝石红釉茶盅

明 宣德 红釉刻花莲瓣纹卤壶

明 宣德 红釉金彩双龙赶珠纹碗

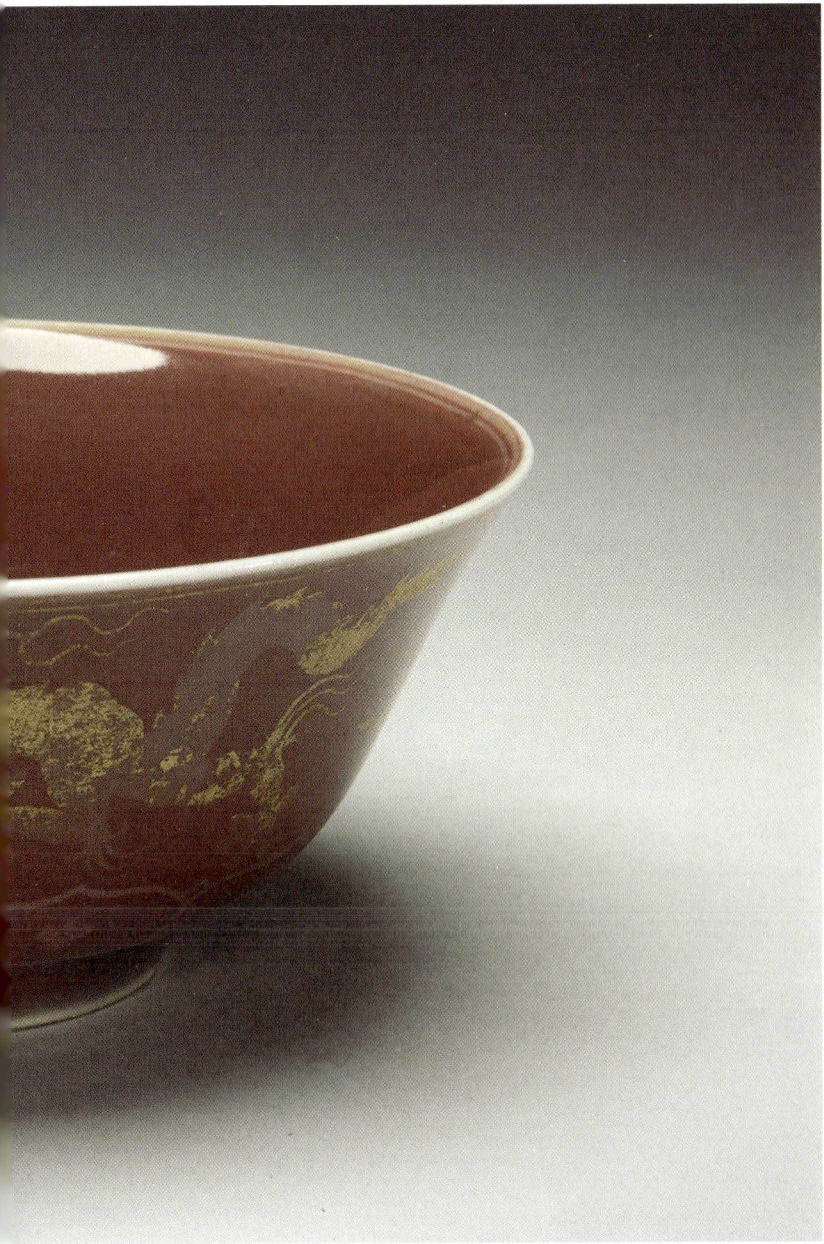

明 宣德 紫金釉桃形把壺

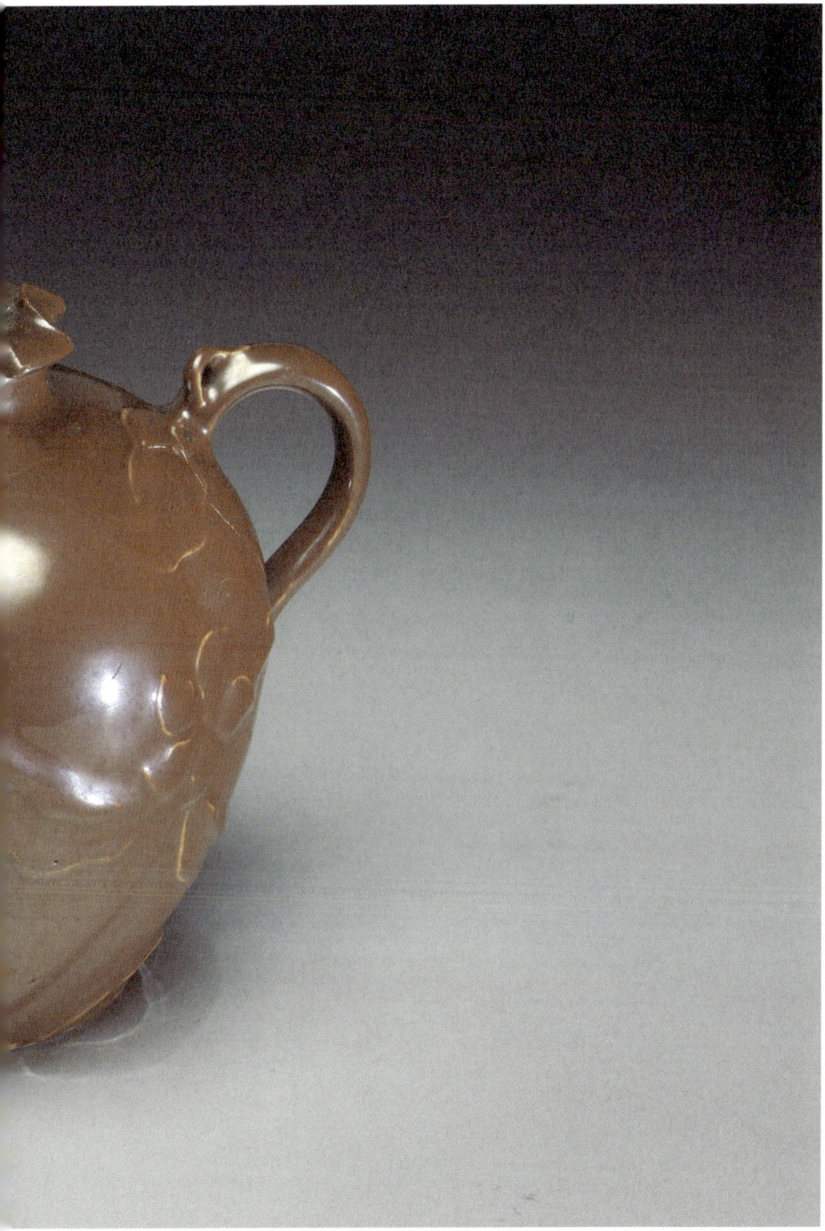

明 宣德 仿哥釉灰青折沿盘

明 宣德 仿哥釉灰青折沿盘 扣

明 宣德 黄釉仰钟式碗

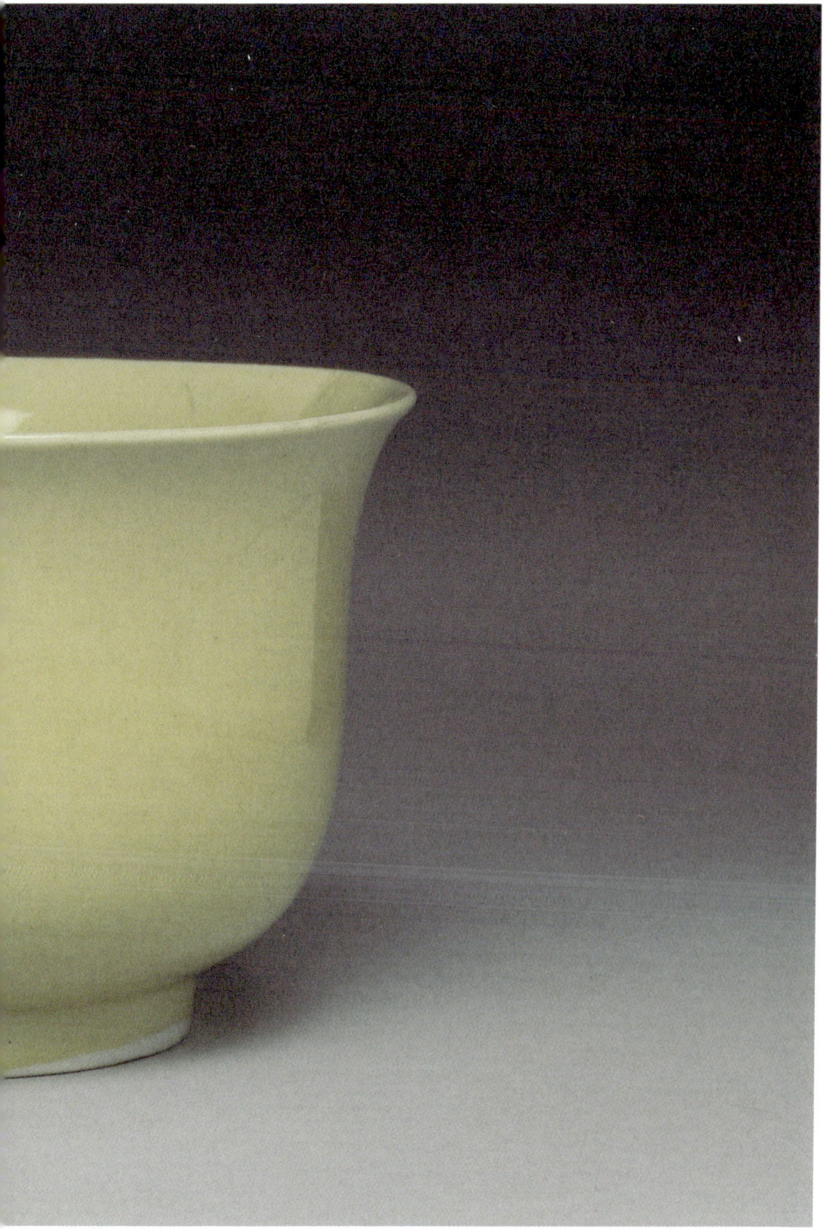

明 宣德 仿龙泉青瓷葵口仰钟式碗

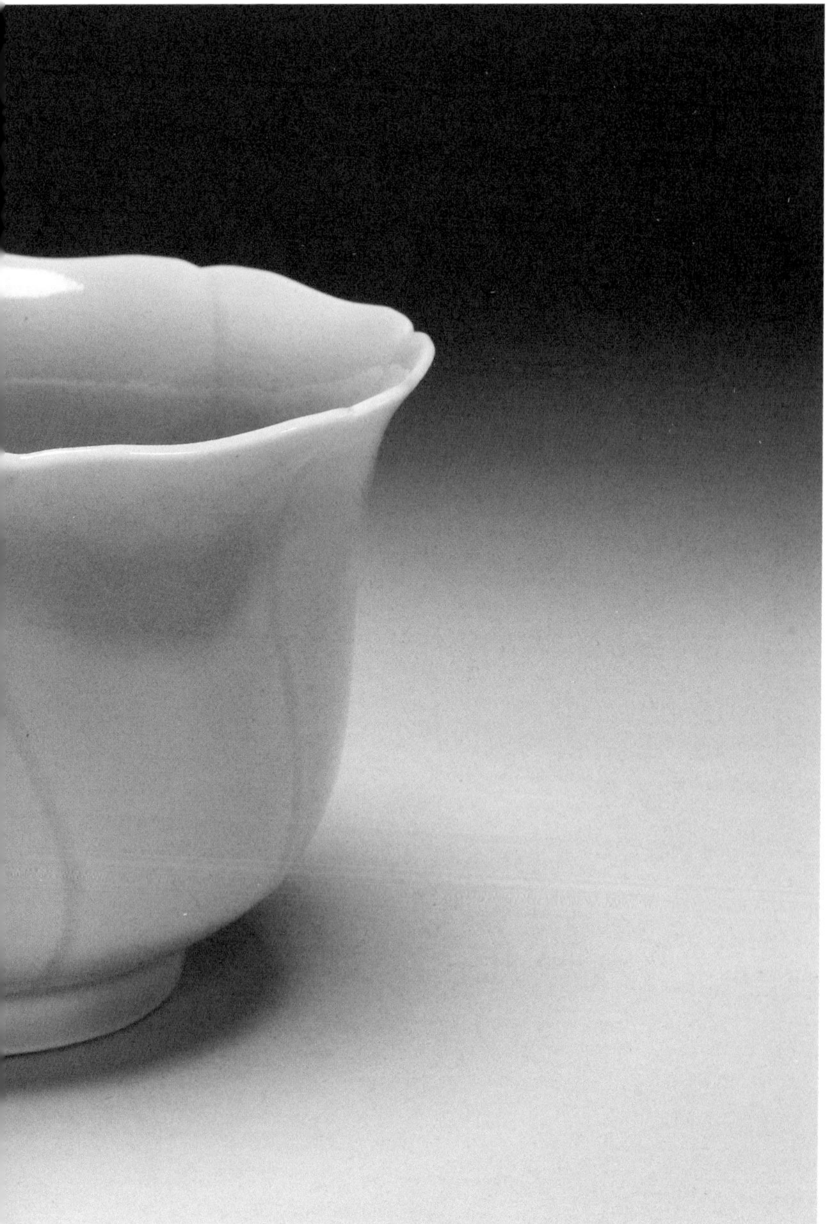

明 宣德 祭红白里暗花双龙纹盘 立

明 宣德 祭红白里暗花双龙纹盘

明 宣德 霁青白里暗花双龙纹盘

明 宣德 霁青白里暗花双龙纹盘 扣

明 宣德 霽青碟

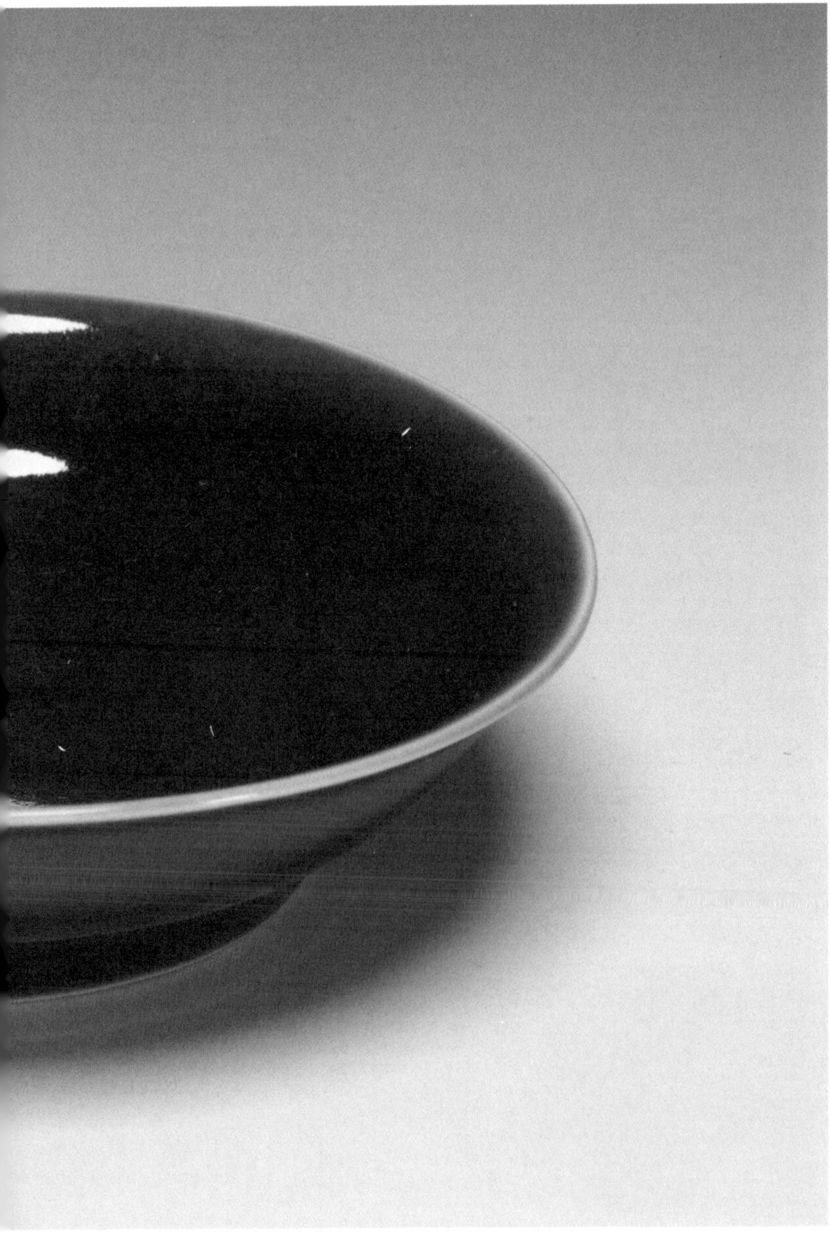

明 宣德 霁青刻花莲瓣纹卤壶

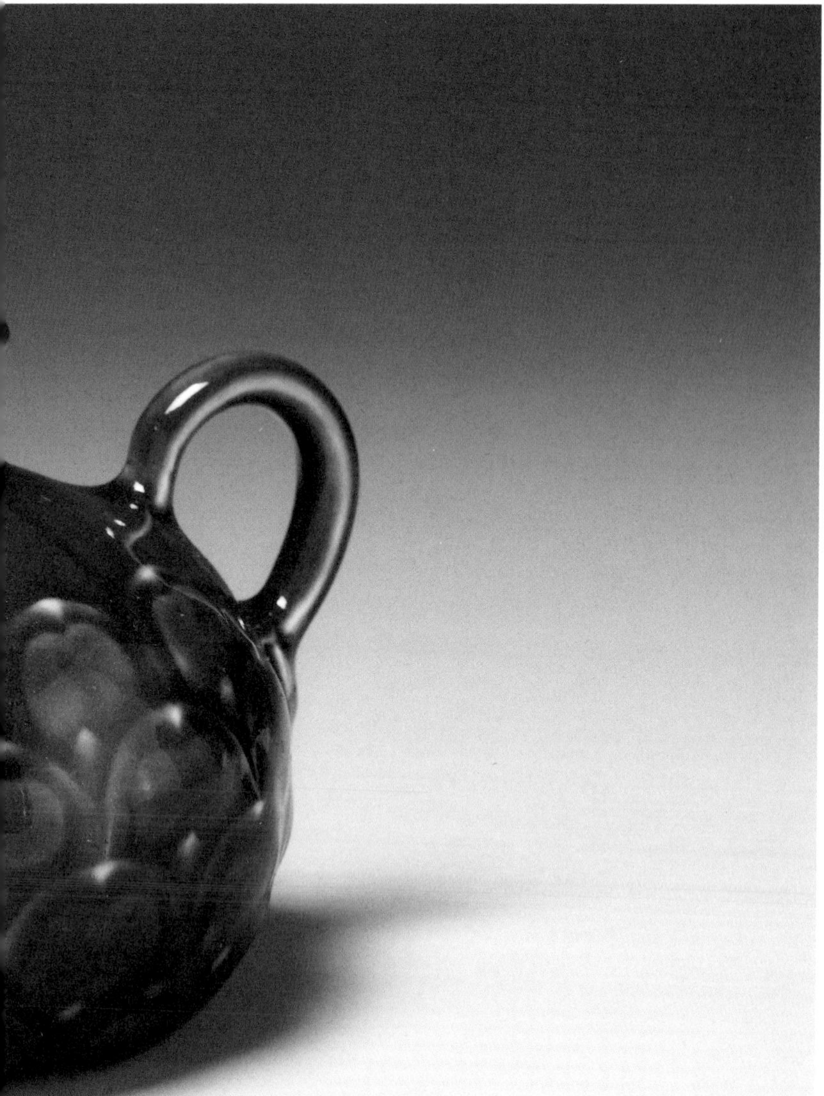

明 宣德 霁青釉葫芦瓶

明 宣德 景德镇 青瓷划花碗 正面

明 宣德 景德镇 青瓷划花碗

明 宣德 孔雀绿釉暗花龙纹盘 扣

明 宣德 孔雀绿釉暗花龙纹盘

明 宣德 蓝地白花折枝栀子花果纹盘

明 宣德 蓝地白花折枝石榴花果纹盘

明 宣德 绿釉暗花龙纹碗 扣

明 宣德 绿釉暗花龙纹碗

明 宣德 青瓷划花灵芝莲花式碟

明 宣德 青瓷花式盘

明 宣德 青花缠枝莲纹合碗

明 宣德 青花莲瓣花卉纹大莲子碗 正

明 宣德 釉里红三果纹高足碗

明 成化 斗彩鸡缸杯

明 宣德 青花莲瓣花卉纹大莲子碗

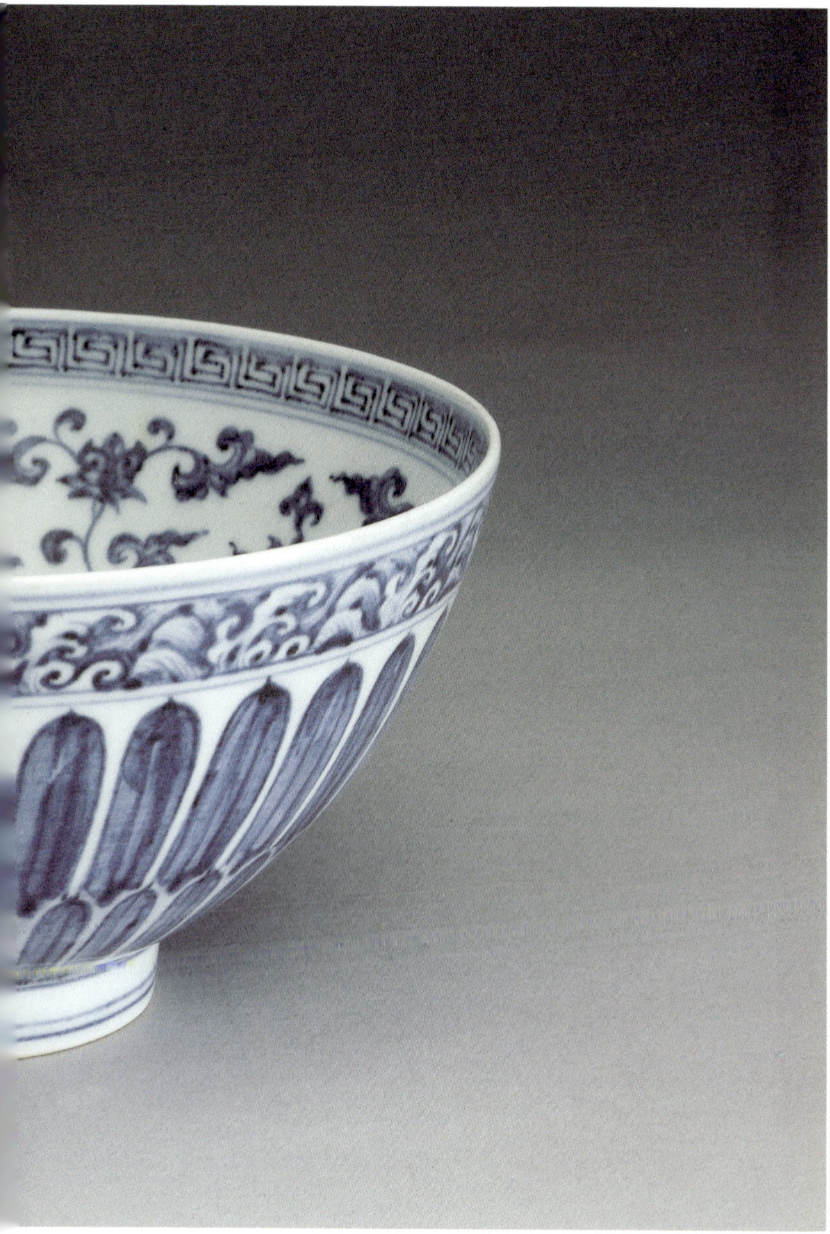

明 宣德 青花海兽纹高足杯

明 宣德 青花海兽纹高足杯 立

明 宣德 青花花卉纹灯

明 宣德 青花花卉纹花浇

明 宣德 青花花卉纹浅碗

明 宣德 青花花卉纹浅碗 立

明 宣德 青花花卉纹双耳扁壶

明 宣德 青花黄彩栀子花果纹盘

明 宣德 青花黄彩栀子花果纹盘 正

明 宣德 青花卷草斜格网纹盖罐 盖上

明 宣德 青花卷草针格网纹盖罐

明 宣德 青花描红海兽波涛纹高足杯

明 宣德 青花三友图高足杯

明 宣德 青花四季花卉盖罐

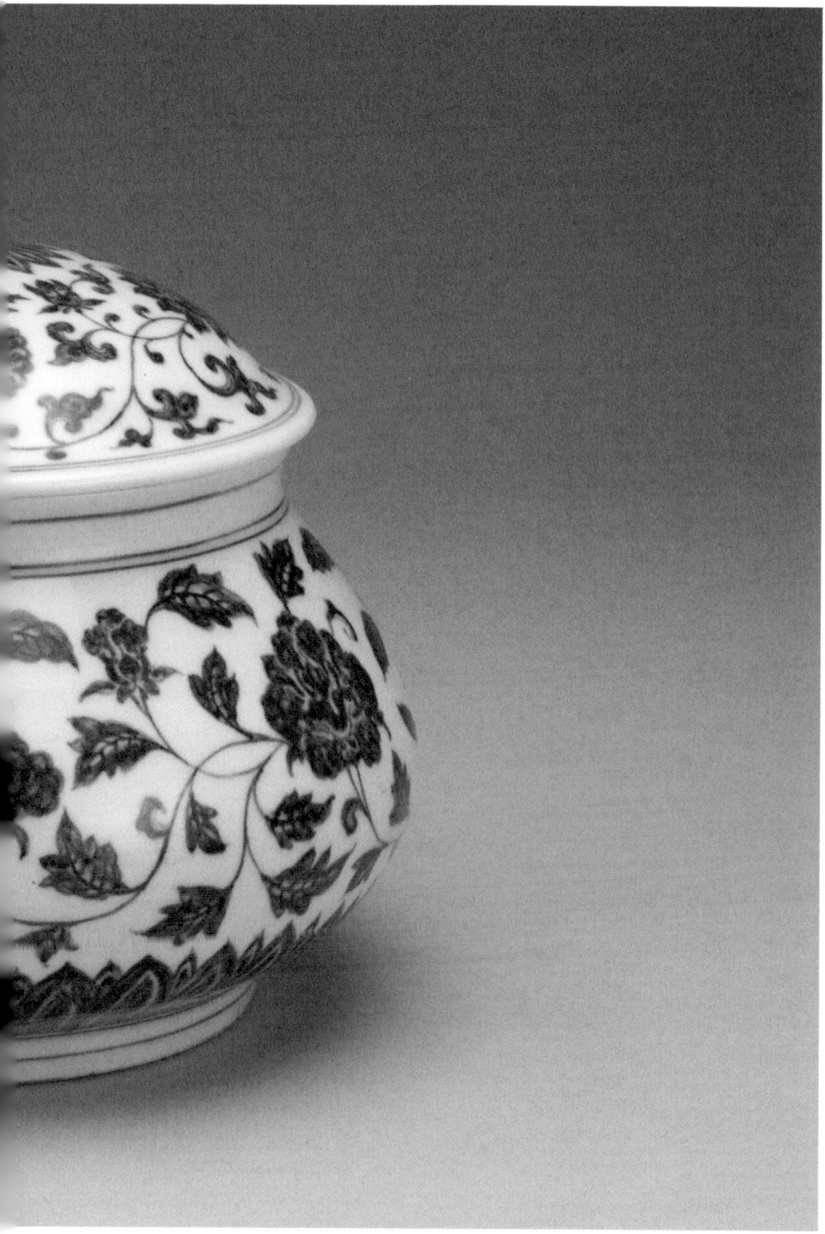

明 宣德 青花团花果纹葵式高足碗

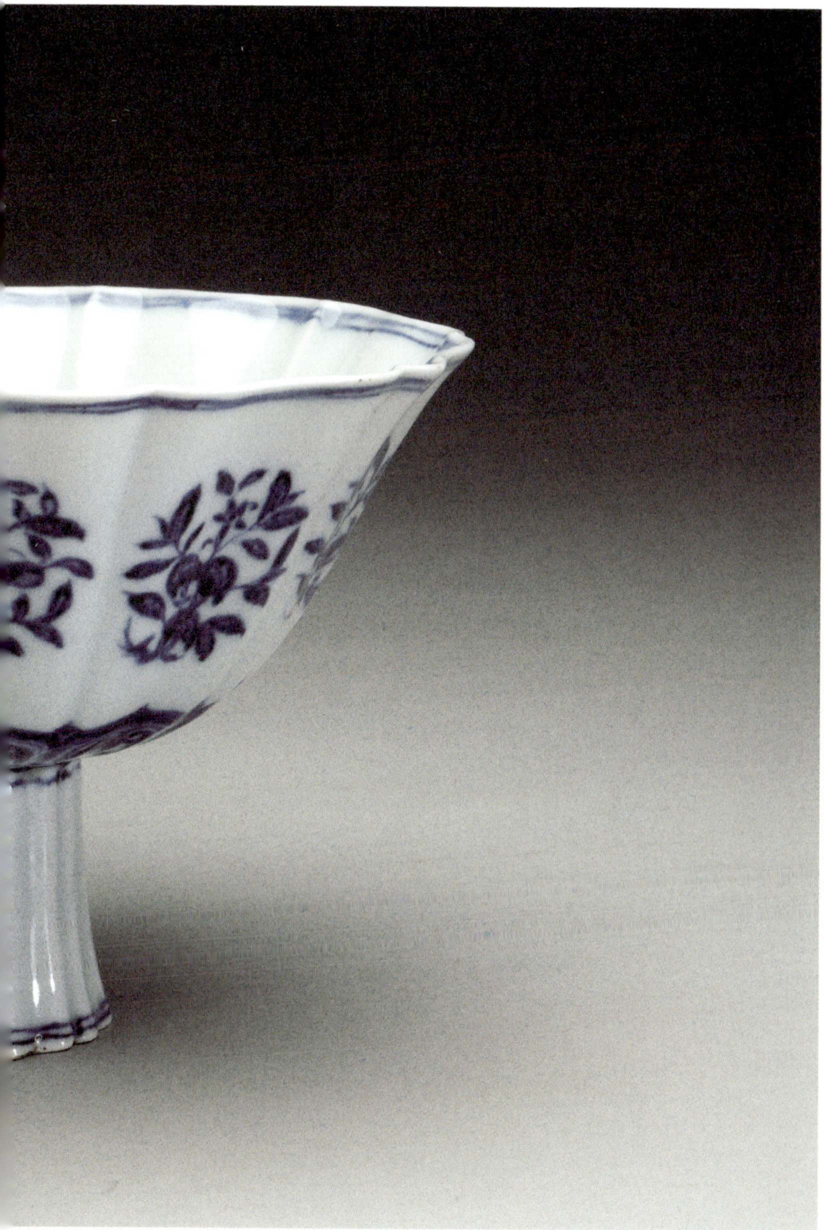

明 宣德 青花庭园仕女图盘 正面

明 宣德 青花庭园仕女图盘

明 宣德 青花洗

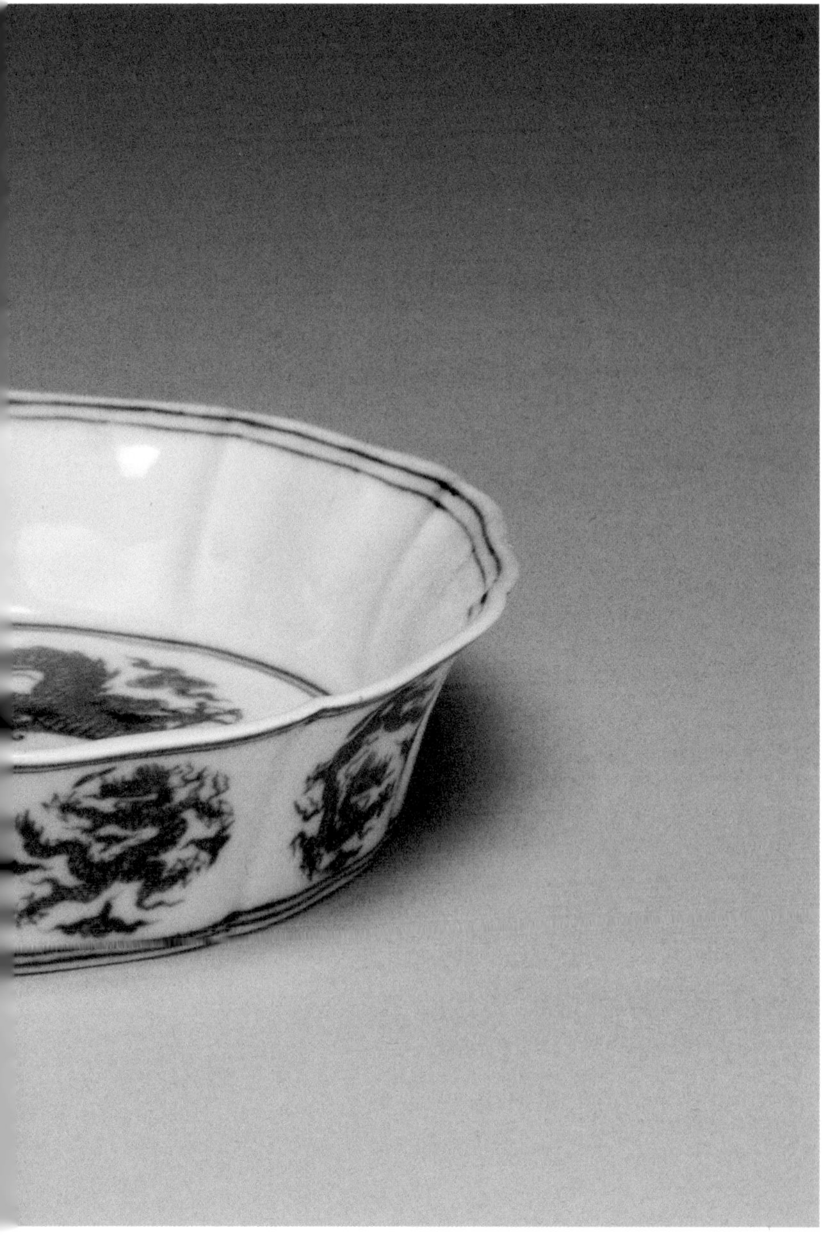

明 宣德 青花转枝四季花卉纹大罐

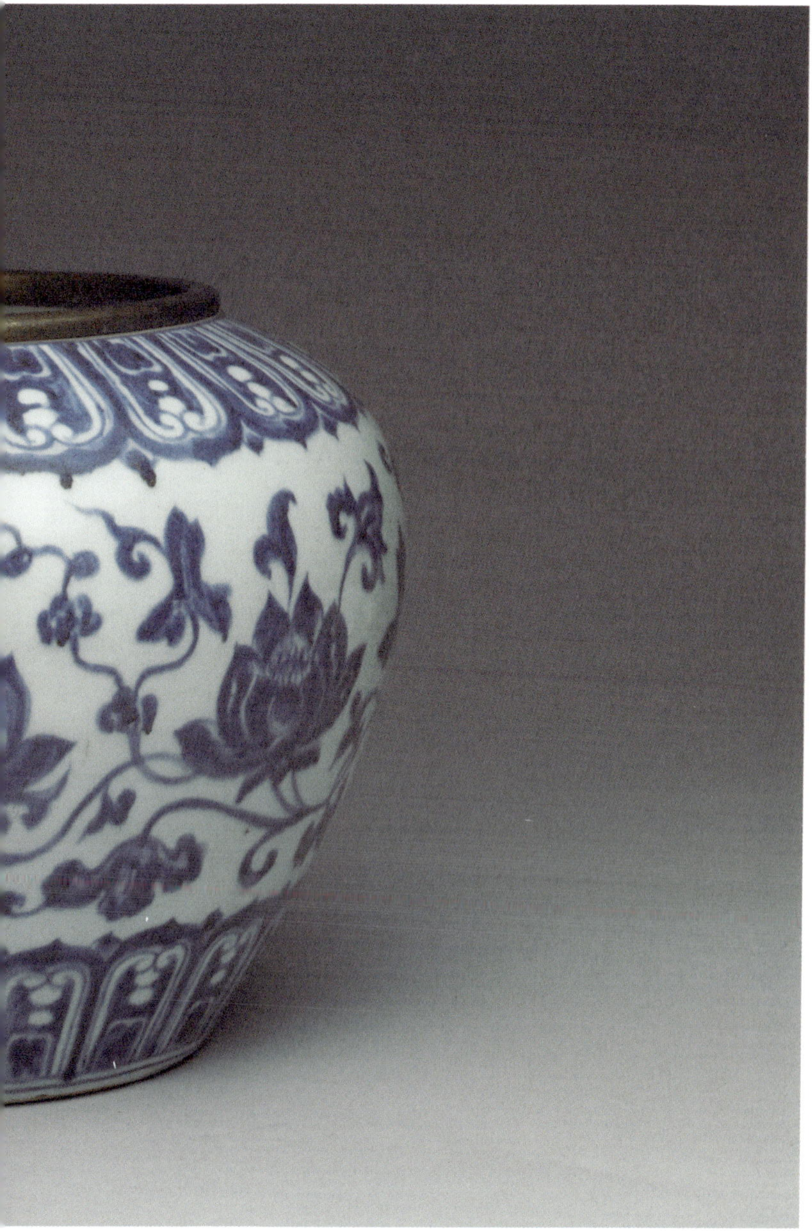

明 宣德 青花转枝灵芝纹小盖罐

明 宣德款 青花双龙云纹合碗（缺盖）

明 宣德 紫红釉弦纹三足炉 带盖

明 宣德 紫红釉弦纹三足炉

明 宣德 青花瓷水波纹渣斗（附金属胆）

明 宣德 青花蕉叶纹渣斗

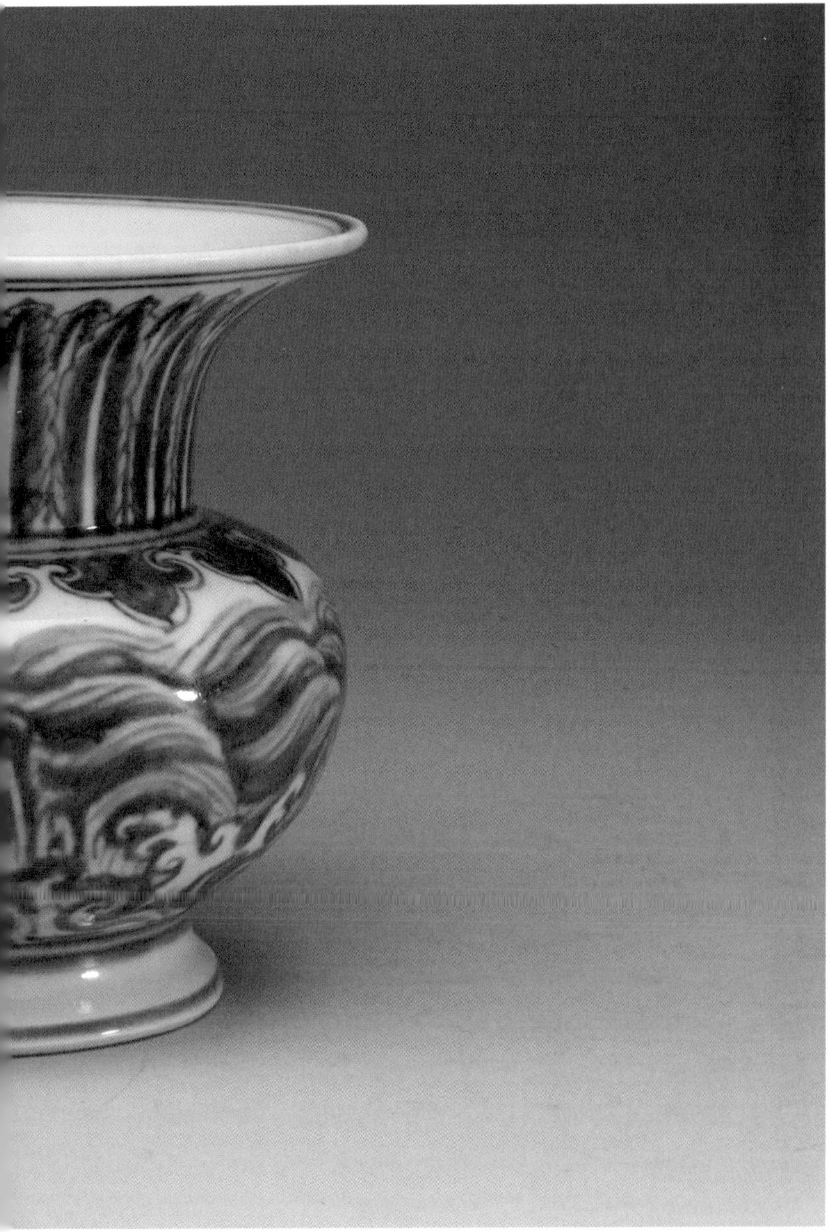

明 宣德 青花双龙戏珠纹碗 立

明 宣德 青花双龙戏珠纹碗

第三章

③

成化时期（1465—1487年）

宣宗皇帝38岁便去世了，皇位传给了最年长的孩子，但这个孩子当时也只有9岁，他就是英宗，在太后的辅政下执政了14年，年号为"正统"。在此时期内，宦官王振取得实权，暗中勾结党羽，引得朝廷分裂成两大派别。此时，恰逢蒙古瓦剌部威胁大同，而英宗对明军的武备松弛毫无察觉，执意率军御驾亲征，最终却屈辱被俘。皇太后摄政一个月之后，英宗的弟弟景帝登基，年号"景泰"。七年后，英宗被蒙古人释放回京，复位称帝，改年号为"天顺"。1464年，英宗去世，传位于他的长子宪宗，宪宗的年号便是"成化"。

这些记录都来自《明史》，它解释了太监专权导致的皇权快速变换以及景德镇官窑烧造因此而造成的中断。对于雄才大略的君主来说，宦官常常能为他们多用。但如果是"孤儿寡母"继承了皇权，那么情况或许就不会那么乐观了。根据康熙朝《江西省大志》的记录，宣德晚期，景德镇御用瓷器一度停烧，直到天顺丁丑年（1457年）才复烧。《豫章大事记》载："景泰五年五月（1454年），减饶州岁造瓷器三分之一。"但这不太可能是指御用瓷器。

笔者从未见过带正统、景泰、天顺年款的官窑瓷器。许多没有款识并被认定为烧造于成化年间的器物有可能是此三个朝代期间烧造的。但更有可能的是，此时期的御用瓷器被铜器取代了，这一点可从此时期对景泰蓝和珐琅彩工艺的制作上看出端倪。

成化一朝，宦官专权，总揽朝政。皇帝从年幼时便受宦官影响，进而一步步变为他们的傀儡。万贵妃深得皇上喜爱，皇上也把心思都用在了对万贵妃的宠爱上，宦官们正好借此专权，想尽办法让皇上和万贵妃高兴，以便使自己总揽朝政。此时期，景德镇的御窑厂复烧，生产了不少工艺高超、精美异常的器物。1482年，应时用担任督陶官期间，曾以烧造成本甚高为由，要求停烧御用瓷器。但事实上，御窑瓷器的生产持续到1487年万贵妃去世后。伤心欲绝的成化皇帝在几个月后也驾崩西去。

中国的文人雅士们将"宣德青花"奉为"青花圭臬"，同样，他们对成化的彩瓷也评价颇高，认为没有哪一个朝代的颜色釉能够超越成化一朝的。这些观点最早形成于明代，但直到今天，这种说法仍旧盛行。

成化朝的彩瓷十分稀少，这使得这一时期的瓷器在各类瓷器中是最难鉴别的。对于成化器物的鉴定，有着各种各样的说法和合理的猜测。有一系列颜色十分华丽的器物，我们基本可以确定就是成化本朝的。但是宪宗统治时间长达22年（一说23年），我们也很难相信，这一时期内只有这一种类型的彩瓷。

相对于模仿那些粗犷有力的绘画风格，模仿精细绵柔的绘画风格其实要简单得多。成化朝的瓷器与宣德朝的瓷器有着诸多不同，这肯定和皇帝的个人品位有关。宣德皇帝好大喜功，喜欢大胆有力的造型和设计，因此，宣德器物中龙的力量感和肌肉感也比较足。宣德时期的器物大多用于宗教用途，而这些器物本身的造型其实也很能够说明这一点。

成化时期的器物就比较精致绵柔，缺乏力量感，用于宗教目的的器物也相对较少。小杯大多是皇帝和万贵妃的把玩之物，而如果放在供奉台上，这类器型显然就过于小巧和精细了。想象一下，一位穿着锦绣华服，戴着珠宝玉器的皇妃用她的一只纤纤玉手，把玩着这样一件器物，何其美哉！

写有成化款识的器物也是多种多样的。但直到今天，所有的这些器物都曾一度被认为是17或18世纪仿造的。经过对大量资料的核实，人们意识到事实并非如此，并逐渐找到了将仿品和原作区分开的方法。一些精美的瓷器之所以被认为是成化的，是因为人们认为康熙和雍正朝并不能烧造出如此精美的瓷器来。而他们之所以这么认为，在于人们当时还不能确定后世的督陶官诸如臧应选、年希尧等人是否掌握了烧造如此精美的瓷器的高超技术。

这些仿制品大多数其实是很容易辨认的。但一些康熙时期烧造的精美瓷器，如果不是书写了康熙款识，则很容易被人们误认为是成化年间的。成化年间的珐琅彩瓷器，其珐琅彩是在釉下青花勾勒的边框中平刷上去的，所以很难通过釉面的绘画来进行鉴定。这是因为轮廓的绘画只需要一点点技巧，而真正的缺陷又会被炫目的珐琅彩所掩盖。康熙朝对成化彩瓷颜色的仿制非常完美，有一些仿品几乎可以到乱真的地步。在紫禁城的武英殿，收藏了一些十分有趣的珐琅彩瓷器，它们几乎与成化彩瓷无异。它们的颜色精美，绘画考究，但是圈足却不如成化朝的瓷器那般深峻，边缘也更加圆润，釉层被均匀地烧成橘黄色，施釉处的胎体近似脱脂牛奶的色泽。款识以青花书写，颜色为淡蓝色，字体舒展，又细又长。也许这些器物真的烧造于成化本朝，因为我们不能假定同一时期的所有器物的绘画和胎土特征都是一致的。然而，在离这一件器物不远的地方，有一件以不同珐琅彩装饰的小碗，它的画面是典型的18世纪早期风格，然而它的款识书写方式却与其他成化朝的款识书写一样（如图57—图59）。这足以使我们确信，这一系列的作品很可能都烧造于18世纪。在18世纪早期（很可能是年希尧掌管御窑厂的时期），御窑厂里的款识书写匠人们的书写技术卓绝，这一系

㊂ 为同一位写款者所书宣德时期和成化时期款识，这些都是最为精美的明代仿品，很可能是17世纪后期臧应选督陶时所造。

㊅ 为莲子碗的清代仿品，参见图13—图15。

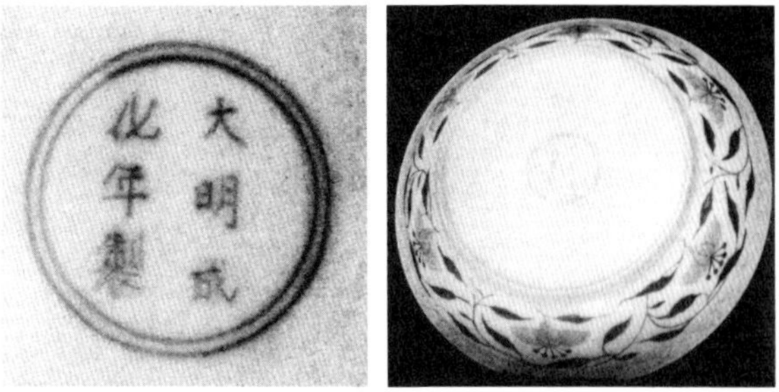

(57)

(58)

(59)

(57) 款识，18世纪的同一位写款者所书，很可能是年希尧督陶时所造。

(58) 为莲子碗的清代仿品，参见图13—图15。

(59) 为莲子碗的清代仿品，参见图13—图15。

⓺ 成化款识，这些款识对应图75—图80的碗。

列作品的款识很可能出自同一位陶工之手。在此组器物中，盘和碗都绘红色浆果和深浅不一的绿叶，并将龙和凤绘画在盘子内壁的周圈。

就笔者所知的成化时期的盘、碟中，只有一些尺寸非常小，用来搁置筷子的小碟是珐琅彩的。

款识

尽管成化有22年，但在这22年中，瓷器款识的书写变化却没有想象中那样大。

款识是以毛笔蘸取一定浓度的墨汁，以一定的大小书写在器物上的。所用的青花水分多，颜色较淡。这些书写款识的人并不一定书法好，但是，他们写的字间架结构得当，运笔自信洒脱。款识外书双圈或双框。

除了极少数例外，此时期的款识书写大概也出自一人之手。这也没什么好讶异的，因为在成化早期，御窑厂的产出非常低，而许多烧造于成化晚期或弘治早期的器物，都没有任何款识。

釉面

宣德釉面的典型特征是橘皮纹。大多数烧造质量过关的成化瓷器，釉面非常光滑，光泽度强，釉水肥厚，宛若凝脂。在第一次烧造后，往往还会再加罩一层釉。

60

文献

成化年间，御窑厂的监陶官是朱元佐。一天，他登上珠山，并在山上朝天阁的冰立堂看见了窑炉和浓烟，于是他写下了下面的话：

"朱门近与千峰接，丹阙遥从万里登。霞起赤城春锦列，日生紫海瑞光腾。四封富焰连朝夕，谁识朝臣独立冰？"

成化鸡缸歌：世人耳目贵所少，龙勺鸡彝竞爱宝。杯樽本是太古风，近时谁信趋奇巧。赵宋花瓷价最高，玉腴珠润坚不佻。永乐以来制稍变，宣磁益复崇纤妖。血色朱盘日轮射，小盏青花细描画。后来埏埴日更精，五采纷纶数成化。红妆袅娜蜡泪垂，万花锦谷扬葳蕤。春阴隔院秋千动，浓香满架葡萄披。亦有婴儿与高士，须眉栩栩神相似。尤其著者推鸡缸，陆离宝色摇晴窗。鼠姑灼灼老鸡唤，将雏抱彀三两双。此器鲦来见者稀，更有何人讨源始。相公爱玩逾图球，长安好事勤征搜。绨函封固献阁下，千缗一器争相酬。我从平津得暂见，两手摩挲眼光眩。归来倒尽老瓦盆，一醉那分贵与贱。

——孙氏引用，但很可能是高江村所撰写

成窑上品，无过五彩蒲萄敞口扁肚靶杯，式较宣杯妙甚。次若草虫可口子母鸡劝杯、人物莲子酒盏、五供养浅盏、草虫小盏、青花纸薄酒盏、五彩齐筯小碟、香盒、各制小罐，皆精妙可人。

余意青花成窑不及宣窑，五彩宣庙不如宪庙。宣窑之青，乃苏勃泥青也，后俱用尽，至成窑时，皆平等青矣。宣窑五彩，深厚堆垛，故不甚佳。而成窑五彩，用色浅淡，颇有画意。

——高濂《遵生八笺》

神宗尚器,御前有成杯一对,值钱十万，明末已贵重如此。

——蓝浦《景德镇陶录》(引用自《唐氏肆考》)

斗彩

成化时期的彩瓷被称为"斗彩"。它与更早或更晚时期的五彩不同，因此很容易分辨。实际上，在17世纪之后，"斗彩"这个词才出现，早期的中国文献只提及了"五彩"。

斗彩的发色干净而浅淡，只有红色相对明亮。只要是烧造成功的瓷器，所有的颜色都是纯净均匀的。这些色料会施于釉下青花勾勒出的轮廓之上。斗彩和五彩的主要差别在于，五彩的釉彩多为釉下青花勾画轮廓线，轮廓常为深棕色或黑色。

除了红料，斗彩的颜色是不能平涂的。即便是红彩的烧造，其施绘的方法也和五彩有所不同，五彩的色调通常更加暗淡。

成化斗彩的釉料有釉下青花、苹果绿、鲜红、淡粉、茄皮紫、柠檬黄以及其他混合料调成的较为晦暗的黄色和橄榄绿。

其中最有特色的是苹果绿，它与五彩瓷器的翡翠绿完全不同。红色的变化程度和色调取决于釉的厚度以及炉子的烧造温度。如果烧造温度过高，红色就会被烧成暗褐色。但是，在这种颜色和天竺葵般的鲜红色(geranium)之间还有着一种中间度的红色。在同样的烧造情况下，黄料通常会失去一部分透明度，釉面也会变得粗粝；而绿料只会发生轻微的改变，但同样，其釉面还是会受到损伤。

❻❶ 靶杯，以浅灰蓝色青花绘八宝纹，书单行成化六字款识于中空的靶足，内壁高8厘米。
❻❷ 渣斗，以青花装饰，无款识，成化时期，口径13.5厘米，尤摩弗帕勒斯收藏。

斗彩比五彩更致密，与瓷器的装饰也融合得更好，二者的区别，就好像是织锦和刺绣之间的差别。

在一些情况下，五彩和斗彩是可以混合出现的。在一件器物已经被用斗彩的黄釉和绿釉装饰后仍然可以被施以五彩的红釉。这种情况常出现在康熙朝的瓷器中，比如其对龙和蝴蝶的装饰就常常完全是以红釉完成的。在这些例子中，器物一般先以斗彩的方法进行烧造，然后再低温二次烧造，烧制五彩。

葡萄靶杯

《遵生八笺》中描述的靶杯，其器型很可能与本书图61中所展现的器物类似。靶杯的"靶"就是杯子的"根茎"。在一些清代文献中，这个字有时被写作靶子的"靶"。大维德基金会收藏图录中正是沿用了这样一种翻译，这种翻译表述也被基钦纳所收藏的碗（kitchener bowl）所采用。这件器物以葡萄和蝴蝶纹为装饰，造型类似于永乐时期的压手杯（见附录2，表2d）。

基钦纳所收藏的碗，与文献中的"氅口扁腹"雷同，如同一个靶子的造型，但它的其他方面与我们惯常所见的成化斗彩截然不同。葡萄的外框轮廓以一种中性的棕黄色勾勒，蝴蝶以线描勾绘，底部颜色均匀，白色也毫不泛黄。

的确有一些康熙朝的仿制品质量几乎可以与成化的器物相媲美，然而大多数的康熙仿制品的质量还是要差一些。此类仿

61

62

185

(63) 青花斗彩酒杯，以紫彩、苹果绿、黄彩和红彩绘葡萄藤和甜瓜纹。款识参见图64，口径7.6厘米，大维德收藏。

(64) 图63款识。

品的款识书写虽然非常潇洒漂亮，但还是和成化的有所不同，青花发色也更为浓艳深沉。

成化葡萄纹饰靶杯在项元汴的书中有记载，笔者还未见过与书中描述完全一样的器物，但可以肯定这种器物存在并且很有可能流传至今。还有一种类型的葡萄纹饰靶杯，它的造型非常讨喜，但并不符合御窑瓷器的标准。这种类型的靶杯底足封口，并撰有“大明成化年制”六字款识。杯身以淡彩绘成束的葡萄以及藤蔓卷须。

还有一种没有把的酒杯，以浅色釉描绘瓜瓞和葡萄纹进行装饰。它有两种类型，一种是在瓜瓞上淡描红彩（如图63），另一种则是葡萄和瓜瓞上皆装饰红彩。

第一种类型的款识如图64所示，它以淡色青花书写，写得也规矩，但笔法不同于其他成化款识的写法。杯身颜色淡雅清澈，釉色有苹果绿、黄、红、茄皮紫。青花发色有些模糊，色调也比较平和，既不太明亮也不是太暗淡，和其他颜色融合得很好。这只杯子的制作工艺很高，十分精巧，口沿轻微失圆，抓握住这只杯子时，感觉稍一用力，就会使得它弯曲变形。如果这只器物的确是成化时期的，那么中国官方收藏中借展给国际展览会的红釉龙纹杯也应该是成化时期的，因为它们的款识几乎一样，烧造工艺也非常相似。底足中心有轻微乳突，用手指抚摸其底足表面即可感受得到。

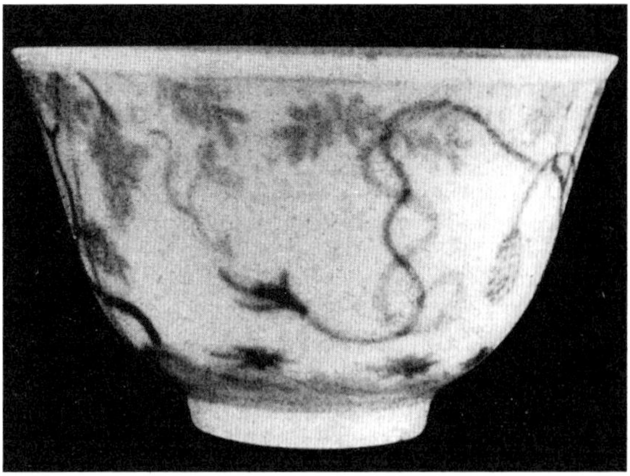

63

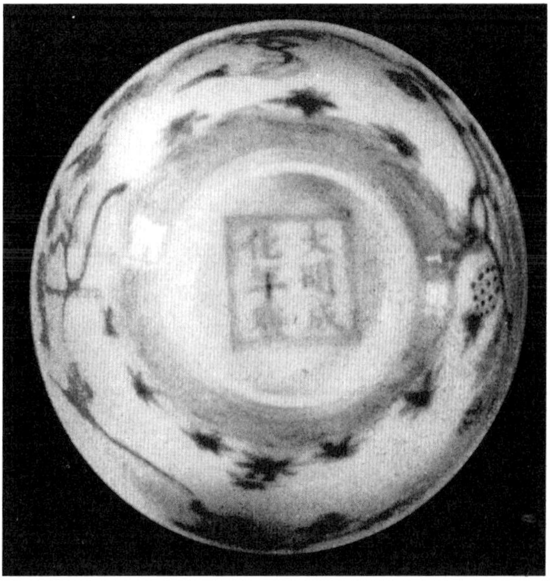

64

在第二种类型的器物上，葡萄的装饰有一些用的是红彩，有一些用的则是茄皮紫。依笔者的看法，这类型器物应该都是18世纪的产物。胎体、绘画与釉色和成化时期的也非常不同，而款识的书写方法则与我们所知道的雍正瓷器的写法有相似之处——以淡青花书写，字符较小，底款表面的施釉也缺少永乐瓷器的柔和丝滑，颜色过于均匀也过于白。绿色近乎翡翠色，蓝色又过于鲜亮。此外，绘画质量也比较差。其上的葡萄纹是这样绘画的：首先画出两列共六个圈状物，然后在其中一列的圈状物后加两个圆，再在另一列的圈状物后加一个圆。这种令人生厌的绘画方式却在所有的杯型器物中反复出现，而一旦注意到这一点，这些器物原本有的那么一点点的美学价值也都荡然无存了。

鸡缸杯

鸡缸杯负有盛名有两个原因。第一，因为相关中文文献的追捧；第二，因为清高宗乾隆（1736—1796年在位）的喜爱，他甚至曾写诗赞美这种器物。他的诗词被镌刻在一个造型别致的（被用于摆放鸡缸杯的）木制茶几上——幸好他没有把这些诗词刻在鸡缸杯上。因此，鸡缸杯的名声得到了彰显，它精致小巧，适于把玩，不像葡萄纹饰的靶杯那样脆弱，但纹饰同样精致又栩栩如生（图65）。

一个东西只要受到追捧，就会被人模仿。因此鸡缸杯的种类繁多也就不足为奇了，这些器物大多数都烧造于康雍乾三朝，而低劣的仿品时至今日仍有产出。

康熙时期的仿品是最精致的。但是它的款识书写与明代常见的那种款识书写还是存在一定差距的。它的颜色非常漂亮，器身上的绘画画片也不错。它与明代瓷器最大的区别在胎体和釉面的质感。成化杯子的发色是一种柔和的象牙白色，底足釉薄处氧化成金黄色。底足胎体暴露在外，丝滑又洁白。康熙的白则比较均匀，暴露的胎体也不太光滑，有时，底足边缘的釉可以看到轻微的泛黄。

康熙时期的仿造品大多书写"成化"的寄托款，而雍正和乾隆的仿制品则基本无款。辨别这些器物与成化本朝瓷器之间的差距并不困难，因为它们的模仿往往只停留于表面。

鸡缸杯上的颜色比其他斗彩器物要丰富。其釉面上的牡丹花以亮红色（天竺葵红）描绘，叶子以苹果绿描绘，公鸡以淡粉描绘，羽毛以暗红色点缀，翅膀填以黄彩，翅上羽毛轮廓则以红色勾勒，尾部填以暗绿色。母鸡的绘画风格也差不多，其他的小鸡则要么是柠檬黄色，要么是暗橘色。由于这种颜色的混搭，可想而知，此类瓷器也要经过多次的烧造，才可制成。

该类器物上的青花发色透彻均匀，没有一丝泛黑。它可能采用了一种高级的国产青料，这种釉料与青花碗的料子类似。

其他类型的斗彩器

五供杯，顾名思义，其上绘五种供品（如图66）。它与鸡缸杯在釉、胎、色上都非常相似，但只使用红彩、黄彩和绿彩这三种颜色。

还有一种内绘四开光螭龙的小杯，它的颜色鲜亮，釉面厚实丰腴（图69）。

有一种搁筷子的小碟，外壁绘以灵芝（一种神奇的菌类），其藤蔓的颜色为蓝色、红色和黄色；内壁纹饰为一垂下的灵芝，并填以红、黄、蓝、绿彩。款识的书写风格与鸡缸杯和前文提到的几种器物的款识书写风格差不多（图67）。

65

⑥⑤ 鸡缸杯，以釉上红、绿、黄彩和釉下青花装饰，成化时期，口径8.2厘米，塞奇威克收藏。

在故宫博物院，笔者曾看过一种斗彩高士杯（scholar cup）。它比前文提到的器物都要差一些，只能很勉强地被鉴定为成化时期的产物。也许这是成化早期对斗彩瓷器烧造的一种初期尝试。该物釉面厚实，有橘皮纹和轻微的烟熏黄。绘画用淡灰蓝色描绘，画得很精细，但是画面有一种闷在釉里的感觉，红、绿、黄彩用得都相对保守，只在花朵上着了色。

器物的一面绘松树下高士周茂叔赏莲图，他身旁的童子拿着书箱，以便他阅读。另一面则绘竹下陶渊明，他的稚子给他送来了一束菊花。款识以浅色青花书写，风格与其他斗彩瓷器完全相同。

还有一些绘画花卉和昆虫的圆盒与盖罐，它们的款识也书写在底部并且与杯盘的款识书写风格都差不多（如图70、图71）。此类型盖罐的其中一件曾在大维德爵士举办的中国艺术品展中借展过，另一些则全部都是中国官方的收藏。盖罐上绘三爪螭龙两条和九个甜瓜，底部书写"天"字款。毫无疑问，这些瓷器都是成化时期用来祭天的礼器。

靶杯

宣德时期的靶杯基本都用于宗教用途。而到了成化时期，靶杯则基本都用来装酒了。这一点从成化时期靶杯的造型和装饰上我们就能看出端倪，因为成化的靶杯上已经很少见到佛教纹饰了。我们很少见到有两件器型完全一致的靶杯，但是宣德

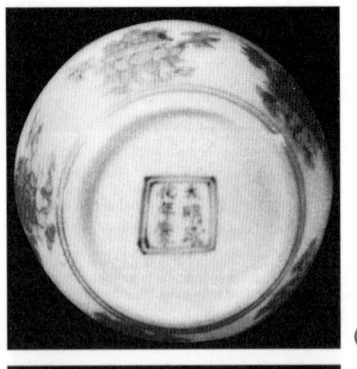

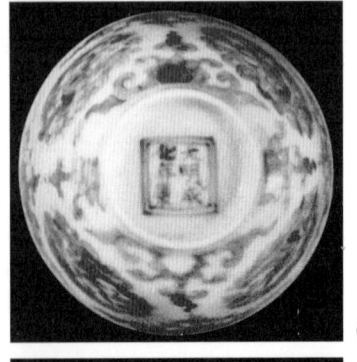

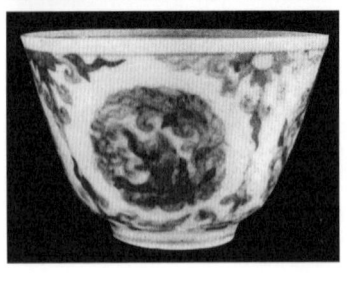

⑥⑥ 斗彩五供杯，饰有红、绿、黄彩，口径7.1厘米，高2.8厘米。

⑥⑦ 斗彩箸碟，饰有红、绿、黄彩，口径8.2厘米。

⑥⑧ 图69款识。

⑥⑨ 青花斗彩酒杯，以红彩、苹果绿和黄彩绘团螭龙纹，款识参见图68，口径7.3厘米，成化时期，大维德收藏。

⑩ 罐，青花斗彩装饰，成化时期，高9.3厘米，大维德收藏。
⑪ 图70款识。

72 靶杯，以红彩、苹果绿、黄彩绘团莲纹，书单行成化六字款识，于中空的靶足，靶足有疑似因高温所致的裂纹。高7.8厘米，成化时期，大维德收藏。

和成化的明显区别在于：成化靶杯的杯把与杯子部分的接口更纤细，底足部分的外撇也显得更急更大，杯身上通常绘莲花莲子，口沿不外撇。见图72。

这些器物上的画片有的是莲花纹饰，有的是鸟和瓜果，还有的是如前文所述的葡萄纹。

官窑器物的质量比较高，款识书写的风格也较为一致。杯把中空，但中空的内壁上也施釉。款识以淡色青花书写在杯把内侧靠近底足的地方。先前提到的葡萄杯应该不是官窑瓷器，因为它的质量不高，颜色也不清楚，款识风格也与其他器物有别。但是，它大概仍然属于成化时期的作品。

青花器物

恰如一些中国的文献所言，"成化时期瓷器上的青花并非苏泥勃青"，而且它的质量也比较差。宣德时期浓郁的青花料与大胆的设计相得益彰，但在成化时期，瓷器上柔软均匀的色调显然与当时平和的绘画风格更加搭配。瓷器上的色调很大程度上取决于烧造情况。很多器物有着相同的造型和装饰，但青花发色的强度和浓淡则有天壤之别。

文献中曾记述过一种"薄如纸"的青花酒盏，但并无实物来佐证。康熙时期烧造的以"成化"为寄托款的靶杯以淡色青花绘画草虫，这很可能也是对于成化瓷器的一种模仿。款识以

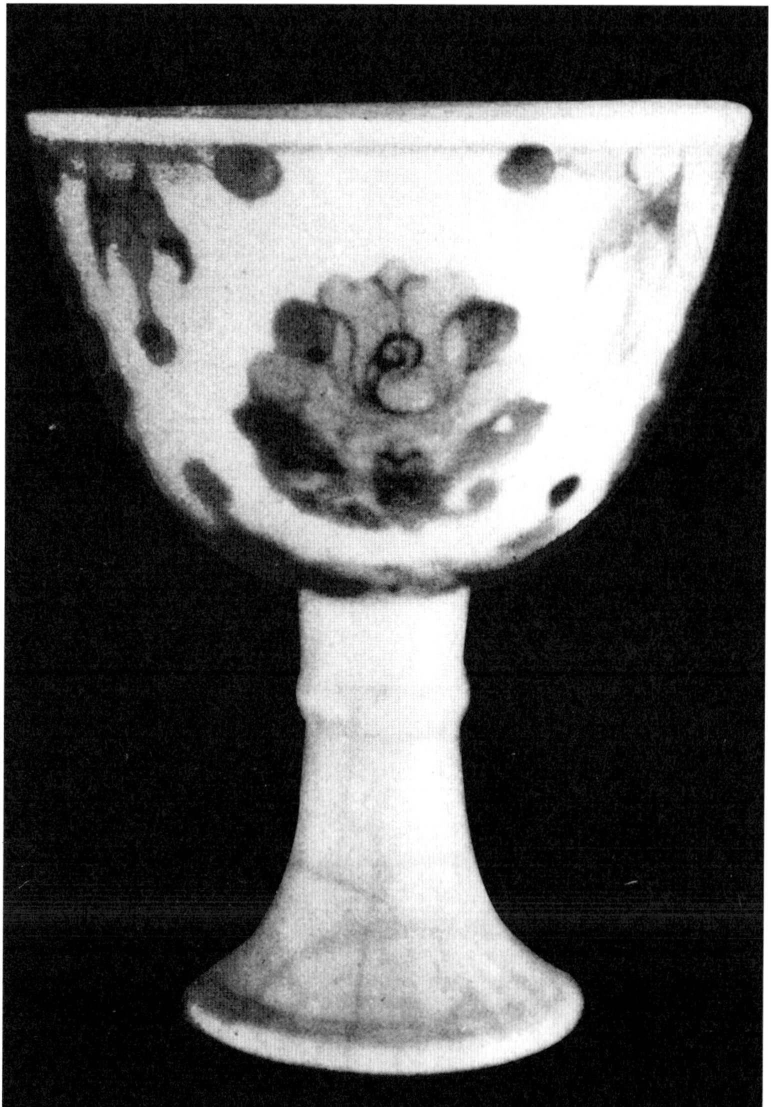

72

(73) 盘，在以红彩勾勒轮廓的龙纹内填黄彩，弘治时期款识，口径21.5厘米，彼得·博德收藏于伦敦。

(74) 碗，以青花装饰，弘治时期款识，口径20厘米，包崔才（音译）收藏于北京。

小字书写，精工细作。

盘

此时期的盘数量远不如碗或杯子那么多。笔者只知道四种盘的类型。

首先，也是最漂亮的一种，是以迷蒙的淡青花描绘山谷百合纹饰的盘。它的款识书写与碗、杯以及其他类型的盘差不多。第二种类型的盘内壁描绘松树、李树、竹子和灵芝，外壁描绘侍女在烛光中赏花（榅桲花）。第三种类型的盘，内外壁均绘有莲托八吉祥。第四种类型，也是最为平庸的一种，内壁以白釉装饰，外壁以青花绘双龙。此外，还有一种非常小的摆放筷子的小碟，其装饰风格与先前提到的“斗彩”相同。

这些类型的器物釉面通常肥厚明亮，表面顺滑，青花色调从深峻的块状暗蓝到浅灰色都有。

碗

“宫碗”也许是皇室们用来吃喝的器物（见图75—图80）。它们的中心图腾大多是瓜果或鲜花，而绝不会有龙。有一种类型的碗外壁绘画以睡莲，内壁不画任何装饰，底部书写双框六字款。还有一种以甜瓜和芙蓉藤蔓装饰的碗，款识也书写于底部，外绘双圈内书款识。另还有三种不同类型的碗，内外壁均

73

74

㉞ 成化青花宫碗，口径 15.6 厘米，尤摩弗帕勒斯收藏。
㉖ 成化青花宫碗，口径 15.3 厘米。
㉗ 成化青花宫碗，口径 15 厘米。
㉘ 成化青花宫碗，口径 15.3 厘米。
㉙ ㉚ 碗，以青花细勾线条后，以淡色青花渲染，宣德时期款识，口径 10.7 厘米，奥本海姆收藏。

装饰百合藤蔓，这些碗都有着类似的双圈内书款。其中一种类型的仿制品出自康熙时期，它是以软膏瓷烧造的，这很可能是为了模仿那一时期均衡的色调。它的绘画风格试图模仿先前提到的第一种类型的碗，但最终效果却并不理想。百合花的茎以较短的笔触描绘，根茎多聚集在一起，与宣德时期的单一曲线的描绘方式有所不同。但是绘画上的粗陋并不一定意味着这件软膏瓷烧造的瓷器就不是成化时期的。很多确定属于成化时期的碗，其绘画风格（与此类似）也并不是确定的。但是在软膏瓷碗上书写的款识与其他成化时期器物上的款识的确不同，倒是与一些康熙朝的优秀仿品更加类似（如图55、图56）。康熙时期的制瓷匠人和画师似乎能够较好地模仿成化时期的作品，所以两者的区别其实是极其微小的。因此，如果我们追捧成化时期的所有瓷器，那么就也应该对康熙朝的瓷器有所追捧。不过，真正的精品成化器物是例外，尽管它们的数量很少。但偶然发现的一件器物，还是常常会使我们"心潮澎湃，眼前一亮"。

靶杯

　　成化时期的大多数靶杯都是斗彩瓷器，尽管斗彩靶杯很少，但其实该时期的青花靶杯更为少见。笔者只知道三种类型的靶杯。第一种以浅青花描绘花鸟为饰，撇足翻口。第二种杯

75

76

77

78

79

80

199

壁以八宝纹环绕，青花发色均匀，柔和且发灰（见图61）。它的器型与第一种比较相似，只是杯口不向外翻。这两种类型的器物款识都书写在杯把壁靠近底足处，以淡青花书写六字款。

第三种类型的靶杯尺度要大一些，看上去较为笨重呆板。杯把中空，呈圆柱状，杯身较大，与深度成正比，杯口不外翻。器身上装饰两条游龙，龙有流线型尾部，羽毛状，无款识。

还有许多其他造型和尺寸的器物。其中有小号的渣斗，它们的用途与其名称的相关性或许不大（见图62）。它们的造型可爱，以淡青花描绘藤蔓或瓜果的枝条，亦无款识。还有一种出戟花瓶，口沿张开，有开片，亦无款识。以较暗淡的釉下青花和釉里红进行装饰。有的器物还会加釉上五彩。

黄釉瓷器

成化时期的黄釉瓷器非常稀少。绝大多数的官窑瓷器都是以青花烧制的。大盘底部不施釉，以青花绘百合或芙蓉花于黄地之上，这当然也是遵循了宣德时期的传统做法。

款识有时以单行青花书写于口沿边缘。绘画的轮廓大多比较简单，留白较多。黄釉亦不覆盖在青花之上。也有一些盘内外壁皆上黄釉，款识以淡青花书写于底足施白釉的地方。

明 成化 斗彩鸡缸杯

明 成化 斗彩鸡缸杯

第四章

弘治时期(1488—1505年)

中国文献并未提及弘治时期的官窑。无论从哪一方面，它都可以说是成化的延续，此时期也是高超的绘画和设计开始衰退的时期。因为从16世纪开始，瓷器的式样和绘画都显得比较浮躁，也缺乏我们先前提到的那种精致。另外，弘治时期的瓷器烧造也没有什么重要的革新。

这一时期，宫廷用的瓷器，大多数都是黄釉。

青花瓷器在弘治的官窑器皿中是十分少见的，很多质量较高的瓷器都无款识，只有通过与其他物品对比才能进行鉴别。

此时期的制瓷工艺和釉料都是非常不错的。碗和盘都比较薄、透，敲之声音洪亮。底部的胎体大多凸起。在烧造过程中，胎土的可塑性增强，进而器物不能够承受它自身的力量，所以烧造出来的成品就显得比较薄。

有两种类型的款识风格，一种以小巧清雅的六字款书写，款识字符的空间较宽。另一种类型的款识则是以较大、也较规整的字书写。后者的书写风格与正德时期的款识书写风格非常相似，因此这种款识很可能是弘治后期的产物。

青花瓷

一些盘碟绘双龙，中心再绘一条龙或三朵祥云。"大明弘治年制"的六字款通常书写于双圈以内。瓷器上的画片并不让人感到兴奋，它们大多太过程式化，用笔也比较孱弱，无法与宣德时期精美异常的龙盘相提并论。

尺度较大的龙盘工艺精良，敲之有回声，声音嘹亮。釉面薄而硬，底部表面光滑有轻微波纹（见图73、图74）。

在没有款识的器物中，绘婴戏纹的也许是质量最佳的。青花的色度在翠蓝（deep kingfisher）到深灰蓝（dull grey）

之间，这完全取决于烧造时的状况。釉面非常厚实丰腴，表面光滑，好像抹了一层糖蜜。在某些碗上，除了一些不经意间造成的黑点，青花的色调都偏灰。这些黑点是从釉下渗透出来的，青花被恰当地还原成预期的蓝色。在其他灰色色调的部位，釉面太厚而且太光滑，这阻碍了氧化钴还原成蓝色的钴硅酸盐。

有一种釉面和青花料都与此相同的盘，内壁绘五爪龙，外壁绘四条细龙。此类器物虽无款识也应是官窑瓷器无疑。

此外还有一些其他品类，比如一种绘画缠枝龙纹的渣斗，以及具有类似纹饰的盘。

珐琅彩龙纹盘和碗

笔者见过的最为精美的弘治瓷器是维多利亚和阿尔伯特博物馆的一件藏品。这是一件暗刻五爪龙纹再加绘珐琅彩的碗。这种技术应该是成化后期或弘治时期的某种创新之举，在此之前没有器物有这样的装饰特征。

通常，碗和盘上的龙都是先刻在胎体上，然后在龙的周围刻绘云和海浪。除了龙和部分云纹，其他的器身部分均施釉，这就使得在第一次烧造过后，这些未施釉的地方仍然是素胎。如果没有瑕疵，珐琅彩就会被施罩在这些素胎的部位上。如果第一次烧造后出现了瑕疵，器物就会被丢弃，后面的珐琅彩也就不必施加了。所以，有的龙纹在粉红色的素胎上呈现一种未被施釉的状态，且未见龙爪，因为爪子通常刻于釉下。

很明显，这些质量上乘的窑址器，会在日常生活中被使用或者被用来作为陪葬品。其中一些类似的器物最近在华北地区的墓葬中有所发现。给这些器物涂上红、黄、紫色釉料，已经成为中国商人最爱用的伎俩——这为那些不明所以的收藏者们创造了一种新形式的收藏门类，其效果往往是非常令人满意的。

但不幸的是，这使得鉴别弘治时期黄釉龙纹瓷器和其他彩料的龙纹瓷器变得十分困难。因为当外部轮廓已经在素胎上刻好后，就可以很容易地添加进其他颜色釉了。只要釉面没有裂痕，即便没有彩绘，人们也都不太可能明白为什么这是后来添加的。

在已装饰的器物当中，如果有破裂或者裂痕就会立马被丢弃，以求完美。质量精美的瓷器才会被留下。但其实正是这些有轻微瑕疵的瓷器才使得弘治瓷器更加有趣。

最近，北京的一个古董商人收藏了一只带有弘治款识的素面白釉大碗。这位商人是一个颇具野心的人，他不认为这件器物优秀到足以传至子孙万代。正好当时他见到一位著名的收藏家，于是他们合计后决定对这只碗进行改良。

在一系列的讨价还价之后，交易很快达成。他们打算用黄釉龙纹来重新装饰这只碗，预算为250美元。这整个过程都是秘密进行的，但消息还是不胫而走并很快传遍整个北京城，这引起了大多数蛰伏已久的古董商们的兴趣。当碗在窑炉里裂开的时候，那些没有胆量去尝试这个试验的人当然会不怀好意地"偷着乐"。受此启发，这个商人的竞争对手——另一个古董商，此人持有一件与此类似的碗——与人达成了一项保证不破裂的加工协议。其实，只要烧造时非常小心，避免窑内温度快速变化，就不会产生窑裂。器物从窑炉中拿出来时或许毫发无损，但黄釉却会如泪滴般流到底足。

关于这件器物的赔偿价格则争执激烈，因为原作完好无损，合同确实得到了履行。其他人则从这场灾难中获益，一些装绘有黄釉或黄地龙纹碗随后也出现了，这些盘子做得不错，所以制造它们的人也不丢面子。

但是，维多利亚和阿尔伯特博物馆所珍藏的那只碗和那只精美异常的红色釉料勾勒轮廓的黄彩龙纹盘（此盘系彼得·博德先生借给伦敦中国艺术国际展览会展览）是无可争议的真品原作，它标志着精美的画面被鲜艳的颜色所取代。

黄釉瓷器

这一类型的瓷器可能是整个15世纪的瓷器中，数量最多的。有好几种器型的盘子和碗，大小尺寸也各不相同。

这些器物的釉料成分明显与宣德和成化时期的黄釉瓷器相同。器物多无裂痕，颜色清晰透亮，色调从暗黄到浅黄均有，色调的不同也许和所施釉料的厚度有关。

在中国官方的收藏中，有一件十分引人注意的黄地刻绿釉龙纹靶杯，中心内刻弘治款识，再覆罩绿釉。似乎是黄釉先附着在素烧坯上，再以极快的速度绘制好龙纹，旺火烧造。

大维德基金会所收藏的渣斗，其烧造方式与上文提到的那个靶杯是一样的，唯一的区别是，它的款识是正德，并且是以青花书写在器物底足的。

追想

除了以上几种瓷器，还有几种档案之外时常被人忘记的"游龙"。

如宣德时期的绿釉盘，成化时期的黑鱼和莲花盘，弘治时期的绿釉龙纹洒蓝盘。

在一些民窑窑口，有的绘婴戏纹，画上的人欢快地吹着喇叭，放飞纸鸢或欢快地跳跃着。也有的绘文人墨客在山林之间骑行，他们的身后跟随拿着酒和琴的童子。

所有这些享受都是非常私人化的，没有什么词汇能完全表达出其中的魅力。

第五章

浮梁地区及其窑口

浮梁县景德镇两侧均被河环绕，另一面被贯通南北的城墙所挡。这些细节在地图上清晰可见。

这个地区的历史始于7世纪。据《饶州府志》记载，唐代武德四年（621年），原住民部落东迁，并在州政府的管辖下建立了一个叫新平的地区。开元四年（716年），该地易名为新昌。天宝元年（742年），复易名为浮梁（即"浮动的桥梁"）。为了应对河水频繁而过度地上涨，一些浮桥至今仍立在景德镇的河道上。在宋朝景德年间（1004—1007年），这个小镇第一次被称为"景德镇"。

随后，小镇和镇上的制瓷工业都迅速发展起来。唐武德二年，朝廷开始向景德镇派遣官员。最初的窑口都建立在山地之间，这显然是为了更接近瓷土产区。湘湖、湖田和南山窑口很可能从唐代就已经开始烧造瓷器了。由于使用了从山谷里挖掘而出的未经清洗的天然瓷土，所以早期瓷器的颜色都发灰。笔者相信，唐代瓷器的釉面应呈浅绿色，釉薄且有开片，大多数应该与浙江九岩或上林湖的越窑相类似，圈足皆为沙底。越窑瓷器很可能创烧东汉，且肯定不晚于六朝。所以景德镇的瓷器对越窑进行模仿也是合情合理的。当然，还有一种可能——从浙江来的瓷器匠人在建造窑炉和烧造瓷器时给景德镇的瓷器匠人提了不少建议。

宋景德年间，随着御窑瓷器的生产，景德镇的瓷器市场也得以开放。据《饶州府志》记载，一个官职为"提领"的政府官员被派遣到此地，监督瓷器的烧造。然而，此时期的御窑瓷器烧造似乎是间歇性的，因为根据后来的记载，"直到有明一朝，瓷器才年年都被运送给皇帝，御窑厂是在宣德时期才正式成形的，并设营缮所丞来监督烧窑工作"。

《浮梁县志》详细介绍了关于御窑厂的信息。御窑厂于洪武二年（1369年）始建于珠山以南。御窑厂的建立是为了烧造更多和更优良的官窑瓷器。后来，窑厂规模不断扩大，绵延至方圆五里（近2.5千米）。

在整个永乐时期，御窑厂的督陶官都是祁鸿，他来到景德镇监督官窑瓷器的烧造并修建了秉节堂。[1]洪熙元年，秉节堂竣工。天顺年间（1457—1464年），珠山上修建了朝天阁。这些建筑如今已不复存在，但瓷器的烧造仍旧在原处进行着。

珠山是景德镇最高的山脉，它有几十仞之高（一仞为八英尺，即2.4米）。它的周围还绵延着数里山脉，从唐代起，这片地区就被人称为"五龙"（五龙戏珠）。

元朝末年，流寇于光占领珠山作为自己的据点，并将其易名为"蟠龙山"。有明一朝，此山又易名"纛山"，意即黄旗之山。后来，人们希望此山能够抵御北方来犯之敌，故又易名为"镇山"。

今天，景德镇的瓷器匠人大多都熟知御窑厂的遗址位置。近来，由于新路修建，大量窑址瓷器残片被挖掘出来，景德镇的匠人们急切地从中搜寻永乐、宣德、成化的残片，从而能够更好地模仿这些时期的款识和釉面。笔者初次参观窑址时，最好的一批残片其实已经没有了，但仍然有一些有宣德或正德款识的具有官窑水准的瓷器残片，这就充分证明了御窑厂的地址应该就在这些残片的附近。

但是，除非打洞，否则想要估算景德镇窑址废墟和窑址残片堆积物的深度是十分困难的。如今，珠山已经不再是明显的

---

1. 原文为"秉节堂"，实为"秉成堂"。——译者注

地标，这可能与此地居住区域海拔的上升有关。笔者曾尽力观察过景德镇地面上的每一个洞穴，里面基本上都有瓷器碎片。

在镇子之外，有大大小小上百个窑址。最重要的是湖田、南山和湘湖这三个窑口。此地深受匪患困扰，他们流窜于山野之间，袭击村庄，有时甚至会闯进景德镇。传言湘湖和南山很不太平，笔者也被警告不要前往这些地区。幸运的是，大多数窑址都在景德镇东面四英里（6.4千米）的湖田，此地也相对太平。

1937年6月里晴朗的一天，笔者与顾玉山（音译，Ku Yu shan）和陈浩云（音译，Chen Haoyun）一同前往湖田考察（湖田即是"湖中之田"，这也许是因为湖中有一片生长莲花的沼泽地）。只有极少数的农家居住在窑址附近。除了一些堆积的废料，此地基本没有什么遗存。这些废弃物由西至东绵延半英里（800米），堆积的深度和广度差别很大。道路、河床、农田，到处都堆放着损坏的匣钵和瓷器碎片。

青花瓷器只在西面的窑址中有所发现，一同发现的瓷片中还有一些影青和素白釉瓷片。如果我们向东部继续寻觅，便会发现青花瓷片和素白瓷片的数量不断减少，影青瓷片的数量不断增多。在最东侧，有一个大约高30英尺（9米）的斜坡，斜坡上有大量质量上乘的影青刻绘瓷片。因此可以推想，该窑址很可能是由东向西进行变迁的。

在土地表面上发现的年代最久远的瓷片来自宋代，这是一种欧洲人和中国人都很喜爱的瓷器类型。有一些青花瓷器有可能就是在宋代被烧造出来的，但是我们没有足够的证据去确认具体的时间。所以，该窑址很可能迟至元代，才将钴料用于瓷器的烧造。在东部边角的一个小土丘上，一些青花和白釉瓷器被同时发现,从外观看,白釉瓷器的烧造时间应该早于明代。而青花瓷器的几种外观类型——在一些欧洲收藏家看来——则与明代早期产品的外观和风格极其相似。在这些器物上,狮子戏球、飞马、仙人腾云驾雾游览仙山、婴戏,都被生动而自由地描绘了出来。笔者认为,这些造型的确都在14世纪出现过,而至于它们的烧造时间究竟是元朝还是明朝,其实也无关宏旨。在整个窑址中,唯一具有款识标记的是发现于河床的一枚书写了"宣德年制"款识的残片。于是一个推论得到了证实:在宣德之前,用青花书写的款识是非常稀少的。

除了以上提到的器物,还有棕褐色釉的粗灰胎靶杯和碗。它们也很稀少,而且都是以未经提炼的瓷土直接烧造的。它们很可能是宋代影青瓷器的前身,或也可能为晚期的某种粗瓷品种。

有两种类型的匣钵在窑址中都有出现,它们的照片和介绍在本书中都有展现。第一种匣钵是宋代用来烧造影青盘的(如线图11);第二种发现于遗址的西侧,它可能来自14世纪,是由粗红壤制造而成的(如线图12)。也就是说,在宋代,粗红壤与白色瓷土一样丰富,但到了15世纪,人们就要开始到处寻找制作匣钵的原料了。这或许标志着一个重要的变化是——烧造瓷器的原料从单纯的易熔性白色瓷土变为了高岭土和白墩子的混合,这一点我们稍后还会解释。

窑址[1]的废弃可能有两个原因,一是正统时期(1436—1439年),大量窑厂逐渐衰败、倒闭;二是宣德时期御窑厂建立后,很多小窑厂被整合进了景德镇集中化的制瓷体系中。

---

1. 应为窑场。这是原著错误,窑场废弃后才成为窑址。——编者注

线图11

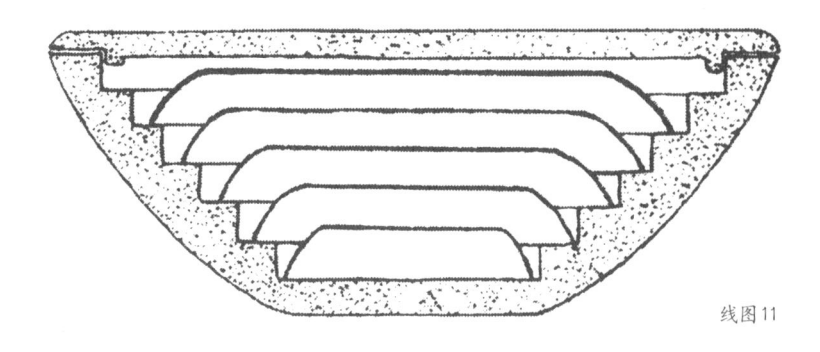

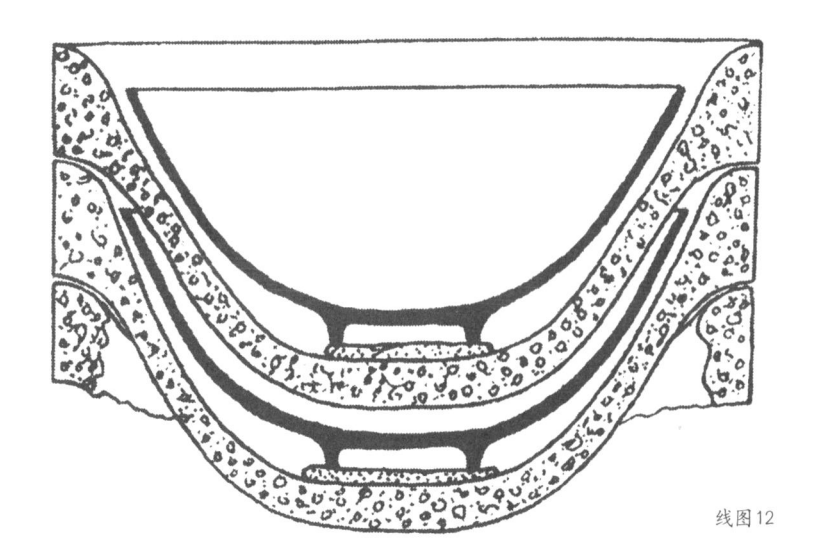

线图12

㊶ 湘湖窑或湖田窑类型，碗，永乐款识，明代。
㊷ 湘湖窑或湖田窑类型，碗，成化时期。
㊸ 湘湖窑或湖田窑类型，酒杯，14世纪。
㊹ 湘湖窑或湖田窑类型，酒杯，14世纪。
㊺ 湘湖窑或湖田窑类型，靶杯，14世纪。

尽管笔者未去湘湖或南山，但陶工陈浩云还是帮我找到了出自这两个地方最为精美也最为可靠的残片。

南山窑址也出影青瓷，但此地的影青瓷器比湖田地区的要粗糙很多。这里也有素面白釉瓷器或者以模具印花装饰的瓷器，印花有：花瓣纹、波纹和乳钉纹。这种类型的瓷器在湘湖窑中亦有见到；而一些施淡青色、半透明釉的印花瓷器则为南山窑的一个重要特色。有关此类瓷器，《格古要论》有云，说其被公认为是元代枢府瓷或宫廷用瓷。另外，南山窑址未见有款识的瓷片。

除了官窑瓷器，景德镇还有其他一些民窑窑口。这里出产的民窑产品有莲子大碗、莲子盘或者底足较纤小的靶杯。器物底部不施釉，并因为氧化而呈现出如三文鱼一般的橙红色，釉水肥厚，半透明，釉色为较淡的绿色。内壁以模具印花装饰，纹饰一般为花鸟凤凰，在花卉纹饰中再加印"枢""府"二字的，便是最精良的器物。还有一些碗的外壁刻花，内壁则印"福""禄""寿"等吉祥文字。靶杯的内壁以模具印龙纹，再添加青花。笔者未受到官方批准，也没有足够的能力去挖掘景德镇的窑址废墟，以搜寻元代官窑瓷器的下落。如果元代官窑瓷器真的存在，那么它们或许正埋藏于某个窑址遗迹的土壤深处。没有中国人会去打扰它们，因此它们得以在那里静静地等待后人。

⑧1　　　　　　　　　　　　　　　　⑧2

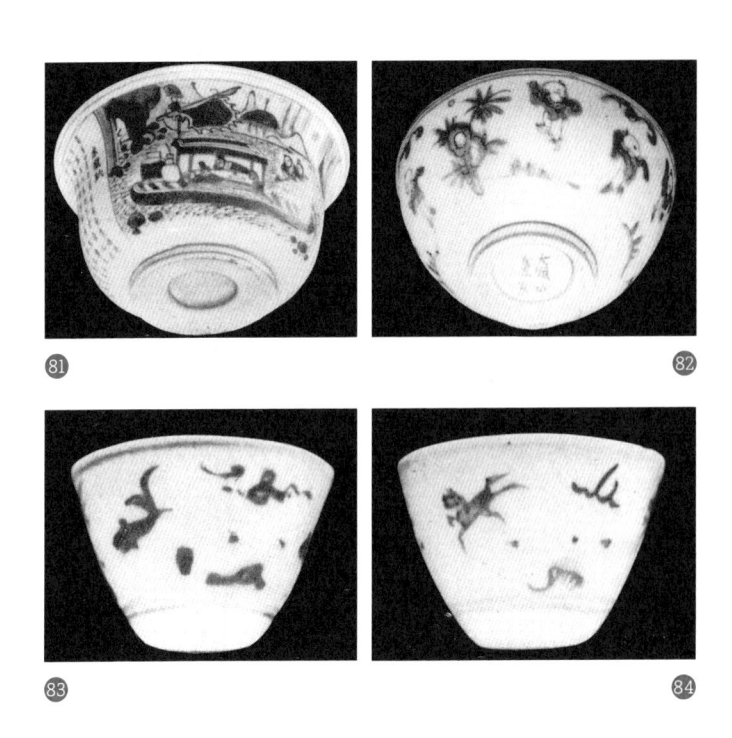

⑧3　　　　　　　　　　　　　　　　⑧4

⑧5

湘湖的瓷器碎片中包含着几种不同种类。但主流是影青瓷，影青瓷的釉色各有不同，质量也有一定差别——一些开片细密，表面明亮；一些则比较粗糙。此外，还有极少数与湖田窑十分相似的青花制品。

早期的湘湖瓷器是一种灰胎瓷，釉面比较薄，釉色淡绿，表面粗粝明亮，偶尔有细微开片。前文笔者已经提过这种类型的瓷器，它很可能起源于唐代，是一种对于越窑瓷器的模仿。

纵观以上各种描述，尽管每个窑口的瓷器都有其特色，但每一件瓷器以及瓷器上的每一种图案似乎都可以根据当时的时代需求和订单来进行定制生产。除此之外，当地至今还有很多家庭作坊似的小窑场，这些窑场的主人通常会定期把自己的产品带到景德镇的市场上进行售卖。

想要识别和标记景德镇的每一个窑口，其实是一项十分漫长的工作，而且也很难得到确切的答案——真是一件费力的苦差事啊！

第六章

瓷器『炼金术』

你的本质是什么，你是用什么构成的？

使得万千个倩影都追随着你。

——莎士比亚

千百年来，有关瓷器的制造，其实一直是个谜。欧洲人对此很困惑，他们试图通过吹制玻璃来破解这个谜题。在中国，人们通过向神灵祷告和献祭，将鲜为人知的瓷器秘诀逐渐转化为数百年来成千上万家庭的共同财富。

在15世纪早期，师主就被称为神了，他是一位名叫赵慨的圣人。他生活于六朝时期（东晋），因为能够洞晓上苍之法，并能用他的智慧为百姓们带来福慧，所以，皇帝册封他为"万硕爵"。

据说，他能够参透风雨之机密，洞悉顽石之过往，了解万物之历史，深谙宇宙之奥义，并能够化腐朽为神奇，甚而可以起死回生。他拿起石头，然后猛烈地敲击它，混合以神奇之物，便可将大块的可塑泥土制成美妙的鬼斧神工。他小心地吹动火苗，使得山坡上的那些泥土碎片变成精致而又讨喜的小碗，供人使用。

但是，从更实际的角度讲，瓷器的原料与山上常见的花岗岩其实也没很大区别。

火成岩之所以被称为火成岩，是因为其深埋于地壳深处，地火温度较高的地区。它们的结晶结构源于长时间不断地溶解和固化。石英岩、正长石、斜长石都是经过漫长时间的分解和交织才最终形成现在的结晶纹样的，火成岩也是如此形成的。

风吹日晒、雨水冲刷，分解了石头上那些不太稳定的物质成分。长石、正长石、斜长石都会渐渐被风化成粉末，这些粉末中包含着氧化铝和和二氧化硅的结晶成分。这些粉末被雨水从山上冲刷到峡谷,它们被埋藏在这里并慢慢转变为所谓的高岭土,而更为稳定的石英结晶则会得以留存。简而言之,降解后的、去除了游离态石英成分的火成岩就是高岭土。

白墩子也产生于相同的岩石之中。在石英和长石分解之前,这种岩石会先行分解,进而被人们砸碎洗刷。有一种猜测,说它与高岭土的成分差不多,但又要比高岭土更坚硬也更稳定,这是因为其中添加了游离的硅。

高岭土和白墩子常常被混合在一起使用,这是因为前者使得瓷土具有更强的可塑性,后者使其可熔,便于精炼,它们的混合就如同自然中的阴阳相生。

在烧制时,其中一部分瓷土可能会回归到先前的熔融状态——与熔岩石相比,它缺乏更高的温度、一小部分石英砂以及杂质。冷却的时间非常短暂以至于其中的矿物不会分解,也不会转变为肉眼可见的结晶物质。但在显微镜下,瓷胎所呈现的却是一堆互相编结的结晶物质。

釉面是器物上唯一可被液化或熔化的部分。这是因为白墩子和熟石灰的组合,使得其中包含更多的石英砂,因此,釉质也就更玻璃化,也更易熔。

为了促使这一系列的转变完成,瓷土的烧造温度需要高达1400℃至1500℃。高温持续的时间必须足够长,而冷却的过程则要足够缓慢。

材料和制作

直到浑身沾满泥水和泥浆。

——莎士比亚

如今，景德镇的制瓷方法以及材料和我们所知的明代时期景德镇的瓷器制作方法并无二致。18世纪《陶录》出版，如果我们仔细观察书中的木版画和文字记录，就会发现书中所述的制瓷方法与如今的制瓷方法完全一样。

本书中有照片记录了1937年6月景德镇匠人的制瓷过程，读者们可以把它们与《陶录》或现藏于大英博物馆的其他相关绘画进行对比。

瓷器制造所要关心的头等大事就是瓷土。众所周知，在景德镇有两种类型的瓷土被广泛使用：高岭土（自然土）和白墩子（白砖土）。这两个名字在如今的景德镇似乎并不那么常用，但因为很多年前欧洲人就使用了这两个词汇，所以这里就不对它们的名字和发音做出调整了。

浙江生产的越窑瓷器使用了一种自然、纯正、可塑性高的瓷土。这种瓷土是从峡谷中挖掘而来的。所以，当景德镇开始生产瓷器时，其运用的材料应该也是当地可以随时取得的、单一的，可在中等温度下烧成瓷器的自然瓷土。也就是说，当年在瓷器的制作过程中，并不用添加强筋料使瓷器可塑，也不用添加助熔剂使其变得可熔。

当这种矿物枯竭之后，就需要去寻找一些其他的材料了。当时，有人注意到部分降解的石头中包含着白色黏土，与峡谷中挖掘而来的质地相同。于是，这些石头大多被磨成粉末，然后洗刷、晾干，最后制成白砖。

所以，白墩子是由人工加工而形成的，它是对部分降解的火成岩，或霏细岩、燧石进行加工而制成的瓷土，其中包含了等比例的长石（正长石、斜长石）、白色黏土和二氧化硅。

斜长石的成分种类介乎钠长石和钙长石中间——它有三

种中间类型。钠长石的熔点为1200℃，钙长石的熔点则高达1500℃。所以，可熔性其实取决于斜长石的种类。

尽管可熔性介于1300℃—1400℃，白墩子的可塑性还是不够高，所以如果不添加高岭土的话，白墩子是无法在制瓷转轮上进行拉坯的。

高岭土是一种硅酸铝盐，在纯净状态下其化学式为$Al_2O_3 \cdot 2SiO_2 \cdot 2H_2O$。它是一种纯天然、可塑性较高的白色黏土，包含了45%—50%的二氧化硅，30%—40%的氧化铝，以及一部分的水和杂质（比如铁和锰）。它是由长石降解而来的，之所以叫这个名字是因为它来源于景德镇东北20英里（约32千米）远的高岭——此地在唐宋时期一直是匪帮流寇的窝点。

高岭土的熔点在1740℃。在实际的烧造当中，这个温度实在是太高了。过高的烧造温度既浪费燃料也会造成窑内事故，所以，需要利用白墩子来充当助熔剂，使其熔点降低至1400℃—1500℃。

所以这两种材料很少被匠人们单独使用，但是，当把它们融合之后，就是一种非常理想的材料了。高岭土使得白墩子可塑性更高也更容易加工，而白墩子则使得高岭土的熔点没有那么高，以便于烧造。

这些瓷土的混合比例是根据瓷器的品质要求而决定的。如果将二者等量配比，那么其烧造出来的瓷器质量也会较高，而如果以一份高岭土和三份白墩子的比例来进行烧造，那么其产出的瓷器成品就可能是最为粗糙的。但是，岩石和陶土的分配比例是多种多样的，精确的配比其实不得而知。

如今在景德镇，白墩子只有在城外的几个地区才能找到。在湖田附近，有一种适合制瓷的岩石矿，而在距离宋代窑址不远的地方，就有人用此种岩石制成砖块。碎石厂的工艺很古老。岩石碎片被放置在与地洞没有分别的粗糙的矿坑中，水力驱动的木槌扬起又落下，直到岩石被砸成粉末（如图86—图89）。粉末混合着水，在缸中搅拌，使其沉淀。最顶部的泥浆被抽取出来，然后制成砖块的形状，晾干，再通过独轮车运往景德镇，运送的过程既缓慢又冗长（图90—图93）。

高岭土大多数都是船运来的，呈现粗糙的块状，而后在作坊里被冲洗干净，与白墩子混合在一块儿。

釉料则由白墩子、少量石灰和草木灰构成，加水后会混合成一种乳状液体。

工艺方法

制瓷的每一个步骤都需要长期的训练和高超的技术。一个人独自进行大规模制瓷基本是不可能的。首先，制瓷耗时太长，总体上也并不经济。除非是没有家室的穷人，否则没有人会选择这项工作。

著名的制瓷匠人有16世纪的吴为和周丹泉，如果有必要他们可以独自制作瓷器。但是大多数情况下，他们应该是雇佣了一些有技术的工人，这些工人可以完全按照他们的要求生产瓷器。

当瓷土按照前文描述的方式被混合起来之后，需要给它们足够长的一段时间进行陈腐。有明一朝，瓷土只有在经过长达数年的陈腐之后才会被选作官窑瓷器的原料。但是如今新鲜的混合土也常常会被直接使用。

陶土会被捣碎揉捏，直到变得非常柔软，其中的气泡被完全排除。然后它们会被做成团状，再交给坐在制瓷转轮旁的瓷

86

87

88

89

90

91

92

93

228

(86) 景德镇，戏台。
(87) 景德镇，从东向西北拍摄。
(88) 顾玉山和笔者在湖田。
(89) 湖田，白墩子水碓。
(90) 湖田的停驻点。
(91) 从湖田外运釉果。
(92) 往景德镇运送白墩子（白砖）。
(93) 揉泥。

器匠人（如图90—图93）。转轮的中间有一根木棒，以此实现转动，陶工们会将块状陶土拍打到陶车中央。陶工会用其高超的技术拉制出碗和杯的形状和大小（如图94、图95）。他会将做好的半成品瓷器放置在一块长木板上，传给下一位工人。后者会将这些半成品瓷器放在模具上，拍打塑形。

在塑形之后，这件半成品瓷器将会被晾干至少一天。这是为了使其失去可塑性，并拥有酥饼一样的密实度。之后，这件半成品瓷器会被交给第三个陶工，他会将其再次放到陶车上，然后用小刀对其表面进行修整，使其达到理想的厚薄程度（图98—图100）。在这之后，该件器物将会被小心地刷一层稀泥浆，以观察器物上有没有裂痕并准备用钴蓝（青花料）对其表面进行上色。当这件器物再次被彻底晾干之后，它会被传送到下一个部门，这个部门是专门进行釉面装饰的。装饰的方法包括刻绘和彩绘（如图96、图97、图101—图103）。

釉下青花

氧化钴是一种黑色的矿物料，这种料从原始地区被带到工厂。在使用之前，要研磨成细粉末，然后将它与水混合，再用刷子把它绘于瓷器之上。在瓷器上画画与在宣纸上绘水墨画是相似的，如果行笔稍有迟疑，便会形成积墨，而如果行笔太快，则很可能看不到笔触。明代的画师都是艺术家，他们以自

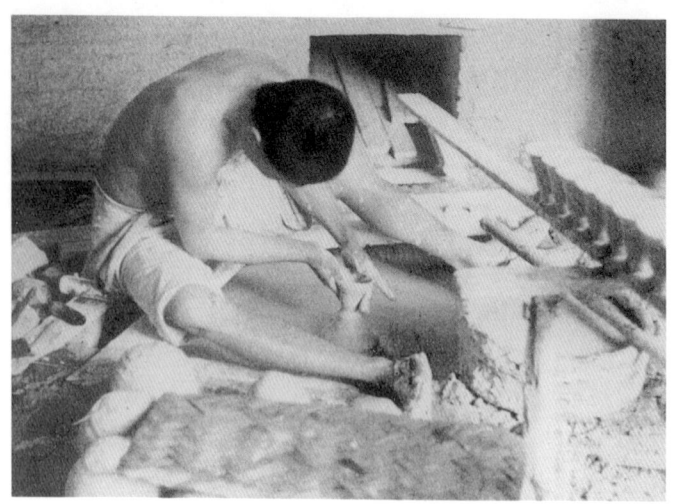

94 从瓷土到杯子。
95 晾坯。

96 施釉。

97 青花绘画。

98 以稀泥浆刷坯。

99 模具整形。

100 用刀具修利杯子外壁。

⑩ 雕刻盘子。
⑩ 研磨钴料。
⑩ 青花绘画。

104 以刀具修利圈足。
105 削足。
106 湿笔清表。

己独特的视角和高超的技艺，完美地运用了这种看似难以驾驭的方法。在书写款识时，任何一笔都不能有丝毫的犹豫，而后世的仿品在这一点上往往只能望其项背（图16—图22）。

而如今的景德镇画师只能称为工人了。他们的工作十分繁重，而且无论从创造性还是从作品深度上来说，它们的作品都不能让人感到愉悦。他们的绘画笔触短而小心，更类似于绣花而非绘画。

圈足

修足是瓷器上釉彩之前的最后一道工序。器物将被重新放到陶车上，然后以小刀修剪圈足，使其达到所需的造型和尺寸。修足的刀双面开刃，一面较宽，用以简单切割，一面较尖锐，用来做最后的细致修剪。而修足时的测量工作，则完全依赖眼力（图104—图106）。

笔者曾有机会度量和仔细检查过几个系列的碗盘圈足，同一系列的作品往往都有着相同的装饰风格、造型、尺寸和时代特征。观察得到的结论足以确定上文的观点，即有明一朝的制瓷方法就是如此的。明代器物的圈足形制有很多，差别也较大，最常见的是内壁垂直，此外还有削足和卧足。但外壁边缘的变化并不多，基本都是以一道平滑的曲线，从口沿延伸至底足。

104

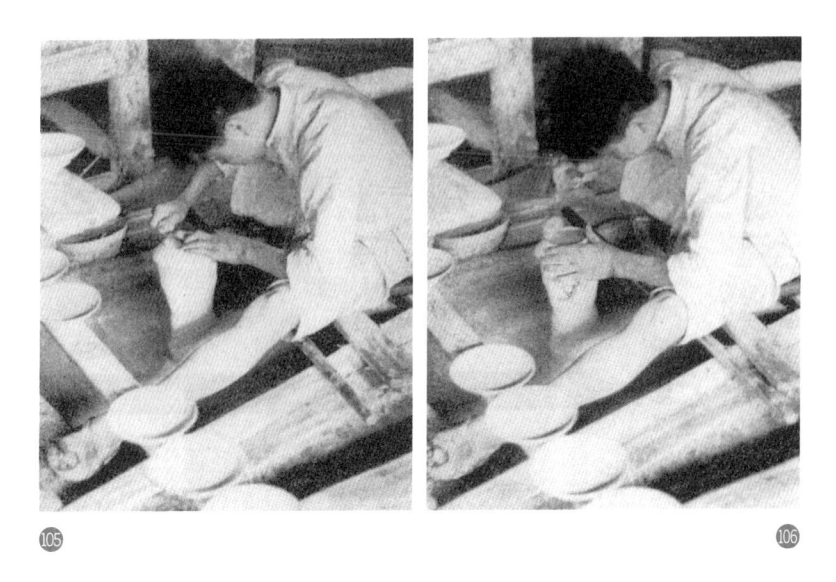

105

106

线图13

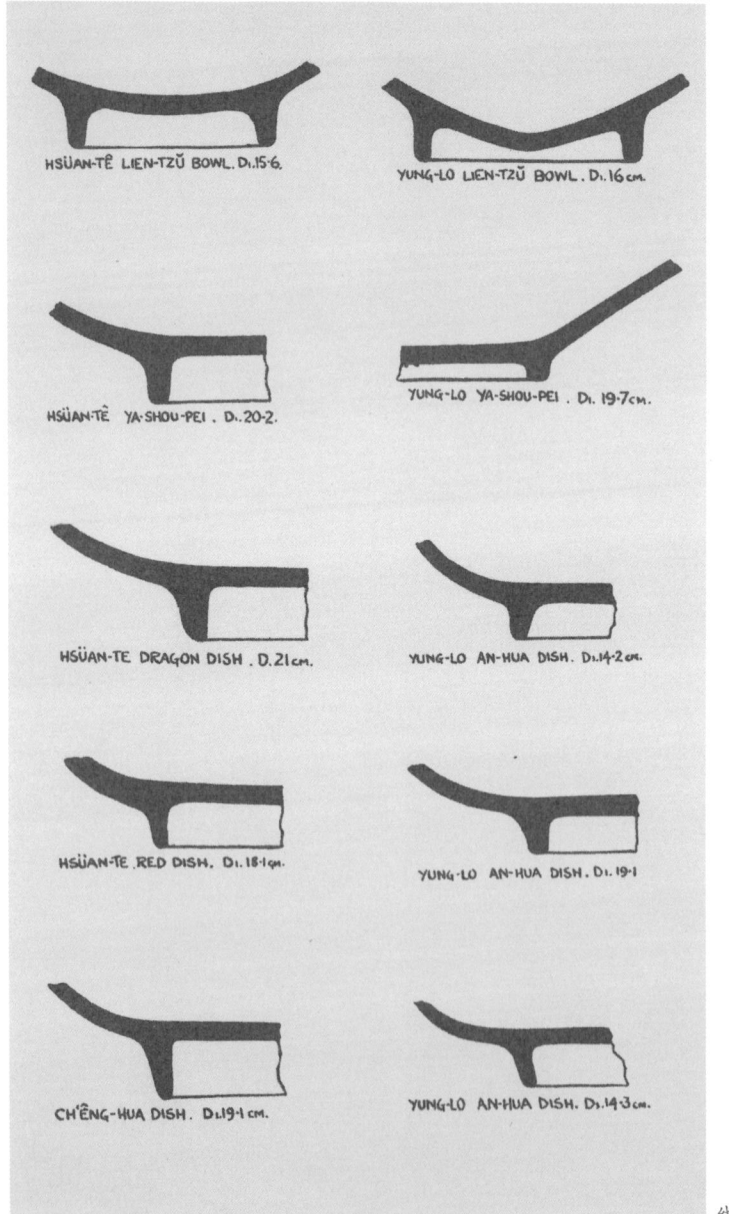

线图13　圈足剖面图。

　　在用小刀修整过圈足边沿之后，制瓷匠人将用湿漉漉的刷子把坯体表面刷平，同时把锋利的边缘磨圆。这似乎是康熙时期出现的一种革新，这个细节也是区别明清瓷器的一条重要原则。

　　通过这一细节进行判断当然也并非万无一失，有的时候甚至要借助高倍显微镜，才可发现其中的区别。不过对于早期单色釉的断代，这个细节还是可以起到决定性作用的。然而，对于带有图案的器物而言，这个鉴定法就变成次要的了，当然如果其他方面都没有疑问，那么这条鉴定原则就更可以忽略了。

　　我们用一组可以比较的圈足截面来说明这一点。这些截面都是由橡皮泥复刻瓷片而得，并且很有代表性。

　　永乐器物的底足通常比宣德器物的底足要平整，边角也更接近于方形。内壁边缘垂直，底部少有削足。而宣德时期，其器物的内壁边缘通常也是垂直的，虽然有些器物看起来像削足的，尤其是其底部有轻微凸起的时候，但经过检测，却发现其大部分底部的边缘仍是垂直的。

　　成化的盘基本继承了宣德的设计风格，但其底部更为深峻，边缘也更为锋利。靶杯的边缘较为简洁，内壁和外壁都较为圆润。仅仅通过圈足特征，是很难鉴别成化靶杯的，因为靶杯底足上可以观测的信息实在太少了。成化器物最重要的鉴别标准还是釉面，一旦看过或摸过这种釉面，必定终生难忘。

107

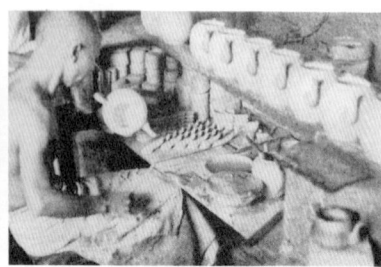

108

109

238

107 吹孔雀绿釉。
108 壶的拉坯成型。
109 粘壶嘴和壶把。

弘治瓷器对成化瓷器的继承不仅仅是时代特征上的，弘治器物的风格和技术也紧随成化。所以，我们不必在此耗费太多口舌。

釉料

如前所述，釉水材料是一种牛奶般的溶液，其中还添加了一些石灰和草木屑。尺寸较小的器皿在外壁施釉时，陶工会在其底部支撑起一根弯曲的小木棍，直到釉与口沿平齐（图96、图97）。内壁的施釉则是通过在器物中倒进釉料然后旋转流动，再把釉料倒出去，如此反复而形成的。底部的施釉是最后完成的。釉水会通过一把又大又软的刷子被刷上去，或者通过一个长柄勺子被浇在器物上。无论是明代还是如今，后一种方法似乎都更为常见。但是，在永乐时期，用刷子上釉的方式则更为惯常，用这种方式上釉的器物，釉面更薄，也更易氧化成金黄色，有时我们甚至可以在此类器物上看到刷子留下的痕迹。无论是成化时期，还是其他时期，质量较高的瓷器一般都会在第一次烧造后再进行第二次施釉。

吹釉（souffle glaze）通常会用一根中空的竹子，一端以薄纱覆盖的吹管来进行施釉。以薄纱覆盖的一端完全浸入装满釉水的盆中，之后陶工将其从盆中拿出，然后通过向竹管内吹气，将釉水喷洒在器物之上（图107—图109）。

⑩ 堆叠匣钵。
⑪ 重建中的窑炉。
⑫ 添加柴火。
⑬ 开窑。

吹釉的颜色多种多样，有蓝色、绿色、黄色以及铜红色。另外，15世纪的一部分无色器物也是用吹釉的方法施加釉水的。特别是永乐时期暗花装饰的碗和盘，以及更精致的宣德时期瓷器上的橘皮纹釉面，其实都是利用了吹釉的方法。事实上，当我们仔细观察精美的永乐脱胎瓷器时，我们很难想象还有什么办法可以给它添加上釉水。此类器物的胎体太薄，在未行烧造时，它很难承受住完全浸入釉水溶液中的压力。

烧造

> 其余二者，轻扬的风，明净的火。
>
> ——莎士比亚

如果不能控制好窑内温度的话，陶工的技术以及设计者的心血也许会在一夜之间变成一堆扭曲的陶土和玻璃结晶。任何一个窑址中最显著的遗存，也是如今唯一保存下来的，就是那些成堆的烧造废料——破碎的火泥、扭曲的碗以及大量不成形的陶和土。

为了烧造成功，中国人采用不断实验的烧造方法，有时，他们在失败中学习到了奇巧的方法，并且获得全新的效果。当然，这些方法都具有一定的科学道理，但是，中国人似乎更注

110

111

112

113

重的是方法。如果选择尝试一种事情，外国人或许会更愿意花费时间探寻其背后的本质。

窑炉是以砖块建成的，在断面上看，约10英尺（3米）高的地基上，形成了高约20英尺（6米）的拱门。窑址的长度一般为30英尺（9米）。在距离窑门最远的烟囱的尾部，窑口的高度会将降低至15英尺（4.6米），这个地方也是整个窑内离入口最远处。从图110—图113中我们可以看到，一座烟囱已经被拆除，而窑炉正在重建的场景。

窑口的入口又高又窄，宽度通常只足够堆放成圆柱形的匣钵通过。图110—图113展现的是窑口刚刚打开时的样貌，也展现了入口的尺寸和窑内堆放的匣钵柱的景象。

匣钵是必要的，这是为了保护窑内瓷器免受炉内黑烟侵扰，同时也保证瓷器能够保持在一个均衡的温度上。现在，人们使用的匣钵材料多为粗糙的干燥红土或陶土，断面呈圆柱形，底部平坦。由于匣钵通常被堆叠在一起，盖子就没那么必要了。瓷器被放置在一个由沙质黏土制作成的小垫子上，这是为了防止匣钵的粘黏。匣钵的大小则根据瓷器的大小而定，如今匣钵的直径大约为1—2英尺（0.3—0.6米）。有时，五六件瓷器被放置在一个匣钵之内。

在湖田地区，有两种匣钵较为常用。这在线图11、线图12中有所展现。第一种，用于烧造影青盘的瓷质匣钵。放置在里面的器物，以剖面图呈现的方式排列。烧造瓷器碗与烧造瓷器盘没有什么不同，只不过需要用到一个圆形的支圈。这种烧造方法解释了早期影青瓷器口沿无釉色，以及无毛刺痕迹形成的原因。定窑以及其他一些北方窑口，其实也是用类似方法进行烧造的。这些匣钵在早期影青瓷器的碎片中亦有发现。元明时期的瓷器是用粗陶制成的匣钵进行烧造的（如线图12），所以它们的口沿有釉。这样做固然是为了节省空间，但我们也会发现其瓷土变得非常稀缺。因为如线图11那样较为精细的匣钵显然不是由粗陶土制成的。至于产生这种变化的原因，要么是因为瓷器的价值比其外部匣钵和柴火的价值更高，要么就是口沿有釉的瓷器更受到人们的追捧。

在窑内，匣钵被堆放成一个高高的圆柱体，柱与柱之间留有2—3英尺（0.6—0.9米）的空隙，这是为了给空气和烟气留出一条通道。两侧的地面上，堆满了柴火，入口以砖石封口，只留下地面上的一个出风口和一个小洞来添加燃料，然后窑炉就会被点燃。

人们需要24小时持续给炉子里添加柴火。两天后，炉内会完全冷却下来，届时，窑口入口处的砖块会被拆除。经历了如此的高温，匣钵仍旧会保持红热，所以要等到1天之后，它才可以被搬运。瓷器将在窑口内待上4天，而这些白瓷土要想最终变成青花碗，则需要14天的时间。

釉下窑变

釉下青花和釉下红彩瓷器在烧造过程中，窑内的气氛发挥了极其重要的作用。

尽管釉下青花和回青的发色来源于钴料，鲜红釉料的发色来自于铜红，但是，它们最终颜色的表达其实都取决于匠人对窑内气氛的控制。

柴火燃烧所产生的烟气包含着一氧化碳颗粒。作为还原剂，一氧化碳能从任何与外界接触的矿物中窃取氧气。因此如果木柴已经在燃烧，空气也已经被隔绝，那么窑内一定会发生还原反应。如果想达到这种现象，窑口的开口应刚好能够使得足够多的氧气进入，匣钵也不必有太多孔。相反，如果需要氧化反应，我们就必须最大可能地使更多氧气进入，从而让窑内的矿物质吸收更多的氧气，而匣钵上也必须具有更多小孔以使氧气可以进入瓷器。

器物上的绘画常常是以黑色粉状氧化钴绘制的，表面再罩上一层釉。为了生产出蓝色的彩料，就需要将氧化钴转变为钴硅酸盐，换句话说，就是要去除其中的氧。所以窑炉需要有还原气氛，另外多余的氧气也都必须被排散出去。因此，窑炉必须保持封闭，直到窑内温度下降到氧化反应的临界点以下。

釉下红的制作也是通过类似的方法。通常，棕红色或者黑色的氧化铜，会被还原成金属状态下的游离铜离子，所以它们会呈现出非常鲜亮的红色。在大量的失败之后才能生产出一个好的釉下红彩瓷器，铜对于氧气有非常强的吸引力，所以在烧造时要非常注意隔绝掉窑炉内的氧气。

这些颜色都是有意添加和严格控制矿物颜料所产生的结果。很显然，在燃烧状态下，如果矿物颜料不够纯净，那么釉面和器身上，会发生一些异常的变化。所以从这个角度来考察早期釉料的一些特征就是十分必要的了。

永乐的甜白釉暗花瓷器，常常呈现出一种奶油白色，釉水较薄的地方呈现暗淡的金黄色。反观清代的仿制品，则呈现出一种较为冷色调的奶白，或脱脂牛奶的颜色。

仔细分析瓷器的陶土，常常会发现其中的铁元素其实是一种杂质，但只有在氧化状态下，这种杂质才比较容易被观察出来。所以，当我们看到釉面或胎体上的黄色和铁锈红时，就会知道，首先，铁是存在的；其次，它已经在窑内产生了氧化反应。

所以，在永乐时期御窑厂会在温度下降到足以产生氧化反应之前，打开窑炉。如果这属实，我们就会在青花器物中也探寻到类似现象。在烧造时，黑色的氧化钴会衰变成蓝色的钴硅酸盐，这是由于氧气的隔绝，加上其与釉中的氧化硅结合所造成的。但是如果之后有一大股空气进入，使得窑内氧气增加，那么钴硅酸盐就会再次转变回黑色的氧化钴，釉面中的铁也会转变为铁锈色，也就是氧化铁。

《格古要论》中描述的很多瓷器都是青黑釉色的，而笔者之前所描绘的永乐时期的瓷器亦具备了上文所描绘的所有特征。

宣德时期的青花瓷器仍旧时常分布着黑色的点，但绘画技巧和烧造火候都被控制得更加精巧了。

氧化钴充当了釉面熔接剂，也就是说，它降低了瓷器玻璃化的温度。因此，在永乐一朝，当瓷器画师们过量地使用钴料时，有两件事情可能发生。一部分最接近钴料的釉面首先玻璃化，在剩下的那部分釉料融化之前，变成玻璃的这部分釉料会先沿着器物表面流淌下来。然后，在温度到达峰值之后，窑炉被打开，一阵空气冲入进来，这些钴料釉滴以及釉面材料仍然保持着熔化状态，所以器物上只有这一部分器物被重新氧化了。

这种特性在今天已然可以获得重现。只不过今天的原料与当年使用的氧化钴种类有所不同。

在成化时期，氧化钴已经被磨得非常细碎和精细。它被以淡描的方式施涂，然后被罩上一层厚厚的釉水。所以重新氧化

114 图所示是15世纪的原作,青花因再次氧化产生了黑斑。

115 图所示是18世纪的仿品,为了仿制早期的黑色斑点,人们会点涂额外的青花料,从而制造了一种新的装饰效果,从反光上可以看到橘皮釉模仿得非常成功。

的反应很少发生。弘治时期的装绘风格常常会更加随意地使用青料,同时也会使用较为厚重的釉料。所以,重新氧化的现象只会发生在一些星罗棋布的小点上,这些点是由于钴料从釉面上渗出而造成的。

16和17世纪的青花瓷器都是在还原窑炉中烧造的,因此我们很少能在此时期的瓷器作品中发现一件产生了氧化反应的瓷器。到了18世纪,人们建立了一套更清晰的规范,那就是在窑炉内的瓷器温度下降到足够使其玻璃化的温度之前,窑炉是不能够被打开的。所以,为了模仿早期瓷器,陶工们就会在器物上添加额外的青料。但这种方式并不能产生再次氧化的反应,这样造成的结果也就并不令人满意,只会让瓷器上的画片比同时期的普通器物显得更加糟糕(图114、图115)。

114

115

附录1　凤与龙

龙，水中吉祥之物也，其生命本就具备神性之本质。龙在中国文化中作为图腾，已至少有三千年的历史了。凤，报喜的吉鸟，毫无疑问，它与龙同样古老。

两者都在商代的青铜器中有过出现。关于它们当时的叫法有着诸多争论，是否同类也不可考，但唯一可以确定的是，它们之间的确存在着某种隐秘的联络。

另一些商代的重要纹饰包括牛、公羊、雄鹿，这些动物可能是当时生殖崇拜仪式上的牺牲品。从一开始，人们崇拜龙就是基于对它无与伦比而又神秘莫测的生殖力的崇拜，基于此，人们也很容易将"新帝降生"与"龙"联系在一起。

明代的龙很可能是商代的龙和后来的鳄的一种融合，而在阿拉伯的文化中，商鸟可能是更加尊贵的，而不是后来人们所认为的斑鸠。

最初的记载说，在360种有鳞片的动物中，龙居于首位。它可以自由地控制自己的身体或隐或显，或大或小，或长或短。在春天，它可以登天；在秋天，它则会潜入水中或进入地底。

龙生九子，具体如下：

赑屃：喜欢背驮重物，可以托住石柱和山。

螭吻：可以看见一切事物，喜居于宫殿和寺庙的屋顶之上。

蒲牢：喜鸣叫，会在编钟上发出声音。

狴犴：好讼，有威力，它常常被用来看守监狱的大门。

饕餮：喜欢吃，常常被作为纹饰装饰在青铜器皿上。

蚣蝮：性好水，故立于桥柱。

睚眦：性好斗，金刀柄上龙吞口。

狻猊：性好烟火，故立于香炉。

椒图：性好闭，故装饰于门的铺首衔环。

龙有好几种类型：

蛟龙是一种有鳞的龙。应龙是有翅膀的龙。虬龙有角，螭龙无角。还有一种在地上盘踞而未升到天国的龙被称为蟠龙。

庄子曰："河上有家贫恃纬萧而食者，其子没于渊，得千金之珠。其父谓其子曰：'取石来锻之！夫千金之珠，必在九重之渊而骊龙颔下。子能得珠者，必遭其睡也。使骊龙而寤，子尚奚微之有哉！'"

陆佃云，龙珠在颔，蛇珠在口，鱼珠在眼，鲛珠在皮，鳖珠在足，蛛珠在腹。

在神话中，有翅膀的物种共有360种，其中就有凤和凰，凤为雄，凰为雌，都是太平之祥瑞。"凤之象也，鸿前麟后，蛇颈鱼尾，鹳颡鸳思，龙文虎背，燕颔鸡喙，五色备举。见则天下大宁。"

五爪龙是天选之子，可控制气象，也是皇帝的象征——这种说法很可能起源于宋朝。在开封府的皇宫之中，仍然保留着一块顽石，据说这是在1101年至1125年统治中华大地的宋徽宗御座上的用物。此件器物从四个方向，雕刻了16条腾云驾雾的五爪龙。这种龙的形制与明代的龙纹已经很相似。

龙凤同时出现，则标志着风调雨顺，国富民强，仁者圣君在位。所以，凤凰纹饰也时常被用来代表皇后。

附录2　主要器型和尺寸

永乐时期

表1-a

莲子碗。多以暗花装饰，外壁刻花，内壁泥浆，或用青花装饰。无款。

尺寸有二：

口径16厘米，高8.6厘米，底足直径4.6厘米。

口径10厘米，高6厘米，底足直径3.1厘米。

表1-b

压手杯。永乐时期多以暗花装饰，以泥浆绘。款识以刻花或泥浆方式绘与器物内壁。

尺寸有二：

口径20厘米，高6.2厘米，底足直径6.2厘米。

口径9厘米，高3.3厘米，底足直径3.3厘米。

表1-c

碗。暗花装饰，外壁刻花，内壁用泥浆绘画。绘莲瓣纹或花卉纹，或以青花装饰。

口径21厘米，高10厘米，底足直径7.3厘米。

表1

表1-d

茶壶。无纹饰。高11.1厘米。

表1-e

靶杯。以泥浆绘暗花龙纹,外罩红釉或透明釉。口径16厘米,高10.3厘米。

表1-f

靶杯。泥浆绘龙纹装饰于器物内壁。口径11厘米,高9.5厘米。

表1-g

靶杯。外壁刻花。口径11.9厘米,高12.7厘米。

表1-h

僧帽壶。外壁或刻花,或施红釉装饰。有时也用蓝釉装饰。高19.3厘米。

表1-i

梅瓶。暗刻花或蓝釉装饰。高25厘米。

表1-j

葫芦壶。暗刻花。高10厘米。

表1-k

葫芦瓶。青花或者暗刻花装饰。高26厘米。

表2

以下器型在永乐时期也有烧造

表2-c
碗。内外均施青花釉色。口径19.4厘米。

表2-i
馒头心浅腹碗,内外壁施青花。口径13厘米。

表4-g
盘。泥浆绘龙纹、凤纹、花卉纹及八宝纹。
尺寸有二:
口径18.8厘米,高11.7厘米。
口径14.3厘米,高8.3厘米。

宣德时期

表2-a
碗。与压手杯形制相似。有两种装绘方式:第一种,内壁以青花绘缠枝莲纹,外壁以泥浆绘缠枝莲纹;第二种,内壁素面,外壁绘人物和风景。口径20厘米,底足直径7厘米。

表2-b
莲子碗。内外均用青花装饰。
口径15.6厘米,高8.7厘米,底足直径4.1厘米。
口径9.9厘米,高5.6厘米,底足直径3.0厘米。

表2-c

碗。内外均用青花装饰。

口径19.4厘米,高8.8厘米,底足直径9.2厘米。

表2-d

斗笠碗。青花装饰。口径22厘米。

表2-e

净水碗。青花装饰。带盖高度为14厘米。

表2-f

碗。青花装饰,有时添加釉里红,或铁红彩装饰。口径17.5厘米。

表2-g

酒壶或者蘸料壶。红釉或蓝釉刻莲瓣纹。高10.6厘米。

表2-h

靶杯。草叶纹装饰,竹节形杯柄,青花装饰。口径16.8厘米,高度11.2厘米。

表2-i

馒头心浅腹碗。内外壁施青花。口径13厘米,高5厘米。

表2-j

净水碗。青花装饰,用于佛教仪式。高7.2厘米。

表3

表2-k

花浇。用于仪式场合,青花装饰。高14厘米。

表2-l

靶杯。青花或釉里红装饰。口径12厘米,高11厘米。

表2-m

靶杯。青花或釉里红装饰。有时先以膏瓷泥浆制作。口径10厘米,高9厘米。

表2-n

靶杯。青花或釉里红装饰。或二者兼有。口径15.5厘米,高10.2厘米。

表3-a

盖罐。青花装饰。高29厘米。

表3-b

水壶。釉里红或青花装饰。高32厘米。

表3-c

渣斗。造型类似量谷物的斗,青花装饰。口径16厘米。高15厘米。

表3-d

瓶。青花或釉里红装饰。高34厘米。

表 3-e

扁壶。青花装饰。高 22 厘米。

以下器型在宣德时期也有烧造

表 1-c

碗。内外均施青花。以泥浆和刻花装饰花卉纹路。

表 1-g

靶杯。青花装饰,四字款,款识书写于外壁口沿。

表 1-h

僧帽壶。红釉或者蓝釉装饰。

表 1-i

梅瓶。青花装饰。

表 1-j

酒壶。青花装饰。高 10 厘米。

表 1-k

葫芦瓶。青花装饰。高 25.5 厘米。

表 4-e

盘。青花装饰。或仅施单色釉(蓝釉或红釉)。也有的装饰黄地青花花卉纹。

四种尺寸：

口径：19.3厘米，底足直径：11.6厘米。

口径：18.1厘米，底足直径：11.3厘米。

口径：17.3厘米，底足直径：10.2厘米。

口径：17.5厘米，底足直径：11.1厘米。

表4-f

盘。青花装饰。内外均施蓝釉，或内外均施红釉，或内白釉外青花，或外壁施孔雀绿釉。这一类型通常用泥浆暗刻龙纹于内壁。口径21.7厘米、21厘米等。

这种类型的盘也有黄地青花花卉纹饰的。

成化时期

表4-a

渣斗。青花装饰。口径13.5厘米，高9.4厘米。

表4-b

盖罐。斗彩装饰。高9.4厘米。

表4-d

碗。内外均有青花装饰，也有的仅外壁青花装饰。口径15.6厘米。

表4-e

盘。内外均有青花装饰，或仅有素黄釉装饰。

两种尺寸：

口径：19厘米，底足直径：15.6厘米。

口径：24.5厘米。

表4-g

酒杯。斗彩装饰。口径7.3厘米。

表4-h

鸡缸杯。斗彩装饰。口径8.1厘米。

表4-i

酒杯。口沿微微外撇，斗彩装饰。口径7.6厘米。

表4-j

靶杯。青花装饰。口径7.5厘米。高8厘米。

表4-k

靶杯。斗彩装饰。口径6.2厘米。高7.8厘米。

表4-l

靶杯。斗彩装饰，口沿外撇。

两种尺寸：

口径6.7厘米。高7.8厘米。

口径6.0厘米。高7.6厘米。

弘治时期

表 4-c

碗。青花装饰。两种尺寸：

口径22.7厘米。高12厘米。

口径21.8厘米。高10.5厘米。

表 4-f

盘。青花、珐琅彩、黄釉装饰。口径18厘米。

以下器型在弘治时期也有烧造

表 4-a

渣斗。黄绿彩装饰。口径15.2厘米。

表 4-e

盘。口沿微外撇，珐琅彩或仅黄釉装饰。口径20.6厘米。

表 2-c

碗。青花或珐琅彩装饰，也有仅施黄釉者。

两种尺寸：

口径17.8厘米。

口径20厘米。

表 1-e

靶杯。黄绿彩装饰。口径15.6厘米。

a

b

c

d

e

f

g

h

i

j

k

l

表4

附录3　中国的瓷器产地

直隶

定州：白釉定窑瓷器，印花或者刻花，施透明釉或者其他釉。宋代。

巨鹿县、磁州和清河县：定窑瓷器有白色，还有米色、巧克力色、烟熏色。宋代。

河南

郑州：大名鼎鼎的柴窑，青如天，明如镜，轻如纸，声如磬。五代。

汝州：灰褐色胎体。施浅蓝绿色到淡紫蓝色的釉，釉面有时有开片有时没有，出自北宋御窑厂。其厚胎的浅蓝绿色，与钧窑有相似之处。灰褐色釉，施透明橄榄绿釉色，其装绘方式为印花和刻画。人称"北方雪拉同（龙泉）"。宋元时期。

参见：《东方陶瓷学会》第14卷（*Transaction of the oriental ceramic society,* Vol 14），大维德爵士：《汝窑注解》（*A commentary on Ju ware*）。

钧州（今禹州）：灰褐色胎体，釉厚重，有不透明蓝色釉料，有时掺杂有紫色釉料散落。宋元时期。

陕西

大概在靠近西安的地区。青灰色胎体，施透明橄榄色，刻花，北方雪拉同，宋元时期。

四川

大邑：白胎，刻画，釉色为海绿色，以及白色和棕色釉。宋元时期。

参见：贝德福德：《中国杂志》，1936年（O. H. Bedford, *China Journal*, 1936）。

江苏

宜兴：红褐胎，无釉瓷器，茶壶和茶杯，也是仿造钧窑制作的。从明代到现在都有烧造。

浙江

杭州：南宋官窑瓷器。暗灰色、亮灰色、黄褐色胎体，釉面有灰色、蓝灰色和青色。

参见：霍布森各种著作（R. L. Hobson, Various Writings）。

九岩：灰色的胎体，橄榄绿釉色较为稀薄和透明，戳印和模印。也许早期的越窑就是这样的，从汉朝到六朝都有烧造。

参见：白兰士敦（A. D. Brankston），1937年。

上林湖：灰色胎体，橄榄绿釉较为稀薄，蓝绿釉上以刻花和模印进行装饰。越窑。唐代到宋早期烧造。

参见：普卢默（J. M. Plumer），1936年和白兰士敦（A. D. Brankston），1937年。

龙泉：灰白胎，雪拉同蓝绿、橄榄绿、金棕色、有时开片有时不开片。宋代及宋以后。

参见：陈万里，各种著作。

江西

景德镇：白色高岭土。釉面从透明到半透明皆有，釉色有很多种，青花，珐琅彩亦有。从唐代至今均有烧造。

吉安府就是之前的吉州，窑址在城南的永和镇的边上。白胎，无颜色釉，模仿的是定窑透明无色釉。米黄色胎釉，施展不透明的棕釉色，或兔毫釉。白瓷以黑棕色装饰，宋元时期。

参见：白兰士敦（A. D. Brankston），1937年。

福建

建阳：黑褐体和黑色胎体，釉色为较丰腴的红棕色或黑兔毫。宋代及宋以后。

参见：普卢默:《伦敦图片新闻》（J. M. Plumer, *Illustrated London News*，1935年10月26日）。

德化：白胎，高岭土（resonant）半透明釉，无颜色，以刻花、印花和青花装饰。明代至今都有烧造。

参见：马尔科姆·法利（Malcolm F. Farley）。

广东

佛山和石湾：米黄色砂胎，厚实而不透明的釉色，模仿钧窑、官窑、磁州窑和其他窑口。由宋代至今均有烧造。

以上所提到的并没有穷尽所有的窑口。只能根据到过这些窑址所提供的资料，列出了一些知名窑口的主要产品。